2015年度　安居次講

ハリバドラの伝える
瑜伽行中観派思想

一 郷 正 道

東 本 願 寺

開　講　の　辞

2015年安居の次講を拝命し折角の機会を賜ったので，学界で未だ熟知されていない資料を紹介し標記講題のもとインド仏教後期の思想の一端を開陳したい。チベットの「学説綱要書（宗義文献）」には頻出する「瑜伽行中観派」なる学派がインドにおいていつごろ存在し，いかなる思想を展開していたかはインド側の文献資料では未だ定かではない。尤も，その学派名は，インドの文献には11世紀初頭になって見られるが，チベットではすでに９世紀初頭に現れている。しかし，インド仏教思想史後期において標記学派名に相応しい思想を担った学者達が存在したことは間違いないと理解する。８世紀のシャーンタラクシタの『中観荘厳論頌』には「〔中観派と瑜伽行派の〕二つの学説の馬車に乗って，教義の手綱を取る人々は，それゆえ，文字通り大乗教徒の地位を得る」（第93偈）との文言があり，当時両学派の思想の交流が盛んであったことが示唆される。その思想の要点は，外界の実在を否定し，一切を唯心に帰し，その心も勝義としては無自性・空である，とする空思想を最終目標とする哲学体系である。しかも，その哲学は，仏教に伝統的な「止」「観」という修行道に裏付けられたものである。インド仏教思想の歴史的発展・展開とは順序を異にし，認識論，修行論の立場から唯識思想を高く評価しながらもそれを方便説と見做し中観思想を最終目標と位置付け，思想の次第向上を語るこの体系にはこの学派の確かな教相判釈を見て取れよう。中観思想との類似性の高い無相唯識説に対する批判にはとりわけ厳しいものがあることは本安居に提出する資料から明らかになるであろう。

かかる学派の思想を解明する資料としてその学者と作品を挙げればつぎのようなものがある。ジュニャーナガルバ（Jñānagarbha）の『二諦分別論』（*Satyadvayavibhaṅga*），シャーンタラクシタ（Śāntarakṣita）の『中観荘厳論頌・自注』（*Madhyamakālaṃkāra-vṛtti*），カマラシーラ（Kamalaśīla）の『中観荘厳論細注』（*Madhyamakālaṃkāra-pañjikā*），『中観の光』（*Madhyamakāloka*），『修習次第　初・中・後篇』（*Bhāvanākrama*），ハリバドラ（Haribhadra）の『八千頌般若経解説・現観荘厳の光』（*Abhisamayālaṃkālālokā Prajñāpāramitāvyākhyā*）等である。

本安居には上記，９世紀ハリバドラの『八千頌般若経解説・現観荘厳の光』に見られる瑜伽行中観派の思想と思える箇所を翻訳し，安居テキストとして提出する。その内容の大半は上記，カマラシーラの『中観荘厳論細注』と一致する。ということは，当学派の思想はカマラシーラの見解ですでに完成の域に達していて，ハリバドラはただそれを継承しているにすぎないのかもしれない。カマラシーラのその著作はチベット語訳だけで伝えられていて読解は容易でない。一方，ハリバドラのそれは梵文で残っておりチベット訳もある。両者を突き合わせて読むことによってカマラシーラ，ハリバドラの思想を解明することは，インド仏教後期の思想理解に寄与するところ大なるものがあると確信する。チベットの学説綱要書からの知識は仏教各学派の思想の概要を理解するには簡にして要を得ているが，断片的な文章の寄せ集めによる知識理解に陥ることが危惧される。原文を丁寧に読解しコンテキストを十分に把握し思想解明につとめたい。かかる文献操作によってこそ学説綱要書で伝えられる，ハリバドラが瑜伽行中観派の「形象真実派」の論師なのか「形象虚偽派」の論師なのか，或いはまた「如幻理証中観派」の論師なのか等の真偽を明らかにすることになろう。

2015年７月17日

一　郷　正　道

目　　次

文献および略号表

一次文献略号

AAA *Abhisamayālaṃkārālokā* (Haribhadra): Wogihara Unrai (ed.), *Abhisamayālamkār'ālokā Prajñāpāramitāvyākhyā: commentary on Aṣṭasāhasrikā-Prajñāpāramitā*. Toyo Bunko, Tokyo, 1932-1935; Paraśurām Lakshmaṇ Vaidya (ed.), *Aṣṭasāhasrikā Prajñāpāramitā: with Haribhadra's commentary called Āloka*. Buddhist Sanskrit Texts no. 4, Mithila Institute of Post-Graduate Studies and Research in Sanskrit Learning, Dharbhanga, 1960.

AAV *Abhisamayālaṃkārakārikāśāstravivṛti* (Haribhadra): Koei Amano (ed.), *Haribhadra's commentary on the Abhisamayālaṃkāra-kārikā-śāstra*. Kyoto: Heirakuji-Shoten, 2000.

BhK I *First Bhāvanākrama* (Kamalaśīla): Giuseppe Tucci (ed.), *Minor Buddhist Texts, part II*, Serie Orientale Roma vol.IX, Istituto Italiano per il Medio ed Estremo Oriente, Roma, 1958.

BhK II *Second Bhāvanākrama* (Kamalaśīla): Goshima Kiyotaka (ed.), *The Tibetan Text of the Second Bhāvanākrama*, Private edition, Kyoto, 1983.

BhK III *Third Bhāvanākrama* (Kamalaśīla): Giuseppe Tucci (ed.), *Minor Buddhist Texts, part III : Third Bhāvanākrama*, Serie Orientale Roma vol. XLIII, Istituto Italiano per il Medio ed Estremo Oriente, Roma, 1971.

LA *Laṅkāvatāra*. Nanjio Bunyiu (ed.), *The Laṅkāvatāra sūtra*. Otani University Press, Kyoto, 1923.

MA *Madhyamakālaṃkārakārikā* (Śāntarakṣita): Ichigō Masamichi (ed.), *Madhyamakālaṃkāra of Śāntarakṣita with his own commentary of Vṛtti and with subcommentary or Pañjikā of Kamalaśīla*. Bun-eido, Kyoto, 1985.

MĀ *Madhyamakāloka* (Kamalaśīla): Ichigō[2004] (Pūrvapakṣas); D no. 3887,

P no. 5287(Uttarapakṣas).

MAP *Madhyamakālaṃkārapañjikā* (Kamalaśīla): Ichigō Masamichi (ed.), *Madhyamakālaṃkāra of Śāntarakṣita with his own commentary of Vṛtti and with the subcommentary or Pañjikā of Kamalaśīla*. Bun-eido, Kyoto, 1985.

MAV *Madhyamakālaṃkāravṛtti* (Śāntarakṣita): Ichigō Masamichi (ed.), *Madhyamakālaṃkāra of Śāntarakṣita with his own commentary of Vṛtti and with the subcommentary or Pañjikā of Kamalaśīla*. Bun-eido, Kyoto, 1985.

SDVK *Satyadvayavibhaṅgakārikā* (Jñānagarba): Malcolm David Eckel (ed.), *Jñānagarba's Commentary on the Distinction between the Two Truths*. State University of New York, Albany, 1986.

SDVV *Satyadvayavibhaṅgavṛtti* (Jñānagarba): Malcolm David Eckel (ed.), *Jñānagarba's Commentary on the Distinction between the Two Truths*. State University of New York, Albany, 1986.

SDVP *Satyadvayavibhaṅgapañjikā,* D. no. 3883, P no. 5283.

SNS *Saṃdhinirmocanasūtra*. Étienne Lamotte(ed.), *Saṃdhinirmocana sūtra : l'explication des mystères : texte Tibètain*. Bureaux du Recueil, Bibliothèque de l'Université, Louvain, 1935.

SNSBh *Saṃdhinirmocanasūtra-Āryamaitreyakevalaparivartabhāṣya*. (Jñānagarbha): Powers[1998] を見よ。

ほか略号

D sDe rge edition.

P Peking edition.

二次文献

赤羽 律

2004 「究極的真理と世俗の真理―ジュニャーナガルバの二真理説とチベットにおける思想的立場―」『哲学研究』577, pp.80-114.

天野宏英

1964　「ハリバドラの仏身論」『宗教研究』37-4, pp.27-57, 1964。

Gareth Sparham

2006　*Abhisamayālaṃkāra with vṛtti and ālokā - First Abhisamaya*(*Volume 1*), Jain Pub, Fremont, Calif., 2006.

2008　*Abhisamayālaṃkāra with vṛtti and ālokā - Second and third Abhisamaya* (*Volume 2*), Jain Pub, Fremont, Calif., 2008.

2009　*Abhisamayālaṃkāra with vṛtti and ālokā - Fourth Abhisamaya*(*Volume 3*), Jain Pub, Fremont, Calif., 2009.

2011　*Abhisamayālaṃkāra with vṛtti and ālokā - Fith to Eighth Abhisamayas* (*Volume 4*), Jain Pub, Fremont, Calif., 2011.

兵藤一夫

1984　「Bstan 'gyur 所収の『二万五千頌般若』についての二・三の問題—特に『現観荘厳論』との関連において—」『日本西蔵学会会報』30, 1984, pp. 7-12.

2000　『般若経釈現観荘厳論の研究』文栄堂, 京都, 2000。

一郷正道

1982　「瑜伽行中観派」『講座・大乗仏教 第7巻 中観思想』春秋社, 東京, 1982, pp. 175-215。

1985　『中観荘厳論の研究—シャーンタラクシタの思想—』文栄堂, 京都, 1985。

1985　*Madhyamakālaṃkāra*. Kyoto: Bun'eido, 1985。

1989　"Śāntarakṣita's Madhyamakālaṃkāra," *Studies in the Literature of Great Vehicle, Three Mahāyāna Texts, Ed. by Luis O. Gómez and Jonathan A. Silk*, The University of Michigan, pp. 141-240. 1989.

1990　「『中観の光覚え書き』について」『日本西蔵学会々報』第36号, 1990, pp. 8-12.

1991　「カマラシーラ著『中観の光』和訳研究（1）」『京都産業大学論集』第20巻第2号,『人文学系列』第18号, pp. 229-279, 1991.

1992　"On the Dbu ma snaṅ ba'i brjed tho," *Asiatische Studien Études Asiatiques*, XLVI-1, PETER LANG, pp. 195-211, 1992.

1993 「カマラシーラ著『中観の光』和訳研究（2）」『京都産業大学論集』第22巻第3号，『人文学系列』第20号, pp. 104-125, 1993.
1994 「カマラシーラ著『中観の光』和訳研究（3）」『京都産業大学論集』第24巻第1号，『人文学系列』第21号, pp. 301-316, 1994.
1995 「カマラシーラ著『中観の光』和訳研究（4）」『京都産業大学論集』第25巻第1号，『人文学系列』第22号, pp. 213-241, 1995.
1996 「カマラシーラ著『中観の光』和訳研究（5）」『京都産業大学論集』第25巻第2号，『人文学系列』第23号, pp. 248-266, 1996.
1997 「カマラシーラ著『中観の光』和訳研究（6）」『京都産業大学論集』第27巻第4号，『人文学系列』第24号, pp. 130-158, 1997.
1999 「唯識派の提出するダルミンをめぐって—カマラシーラ著『中観の光』和訳研究（8）—」『仏教学セミナー』第70号, pp. 84-71, 1999.
2000a 「カマラシーラによる所依不成回避の方法—カマラシーラ著『中観の光』和訳研究（7）—」『インドの文化と論理—戸崎宏正博士古稀記念論文集—』九州大学出版会，福岡, pp. 425-455, 2000.
2000b 「カマラシーラの無自性論証と証因（hetu）—カマラシーラ著『中観の光』和訳研究（9）—」『大谷学報』78（3）, pp. 1-20, 2000.
2002 「「信解行地」に関するカマラシーラの見解」『初期仏教からアビダルマへ 櫻部建博士喜寿記念論集』櫻部建博士喜寿記念論集刊行会編，平楽寺書店，京都, pp. 467-482, 2002.
2003 「『修習次第』「後篇」に登場する反論者について」『仏教学セミナー』第78号, pp. 1-23, 2003.
2004 「『修習次第』後篇の研究」『大谷大学研究年報』第56号, pp. 1-67, 2004.
2005a 「『修習次第』中篇の研究（上）」『印度哲学仏教学』第20号, pp. 58-85, 2005.
2005b "A Critically Edited Text of the Pūrva-Pakṣas of the Madhyamakāloka of Kamalaśīla," *Annual memoirs of the Otani University Shin Buddhist Comprehensive Research Institute*（『真宗総合研究所紀要』），第22号, pp. 75-141, 2005.
2005c 「「直接知」「証因の属性」をめぐって—カマラシーラ著『中観の光』和訳研究（10）—」『長崎法潤博士古稀記念論集 仏教とジャイナ教』，長崎法

潤博士古稀記念論集刊行会編，平楽寺書店，京都，pp. 315-329, 2005.
2006a 「『修習次第』中篇の研究（下）」『印度哲学仏教学』第21号，pp. 57-83, 2006.
2006b 「プラマーナによる一切法無自性論証―カマラシーラ著『中観の光』和訳研究（11）―」『仏教学セミナー』第84号，pp. 88-65, 2006.
2011 『瑜伽行中観派の修道論の解明―『修習次第』の研究―』2008年度～2010年度科学研究費補助金基盤研究（C），成果報告書，2011。

磯田熙文
1975 「Ārya-Vimuktisena: Abhisamayālaṃkāra-Vṛtti(I)」『文化』39-1.2, pp.184-158, 1975。

岩田　孝
1981 「Śākyamati の知識論」『PHILOSOPHIA』69, pp.143-164, 1981。

梶山雄一
1975 『論理のことば』中公文庫，東京，1975。
1982 「中観派思想の歴史と文献」『講座・大乗仏教７　中観思想』春秋社，東京，pp. 1-83, 1982。
2008 『中観と空Ⅰ　梶山雄一著作集第四巻』御牧克己編，春秋社，東京，2008。
2013a 『仏教思想史論　梶山雄一著作集第一巻』吹田隆道編，春秋社，東京，2013。
2013b 『認識論と論理学　梶山雄一著作集第七巻』吹田隆道編，春秋社，東京，2013。

梶山雄一・丹治昭義
1974 『八千頌般若経』中央公論社，東京，1974。

熊谷誠慈
2008 『中観思想史研究―インド仏教からチベット仏教，ボン教への中観思想の展開―』学位請求論文，京都大学。

松本史朗
1982 「Jñānagarbha の二諦説」『仏教学』５，pp. 109-137, 1978。

1987　「カマラシーラ」『インド仏教人名辞典』三枝充悳編，法蔵館，京都，1987。

1997　『チベット仏教哲学』大蔵出版，東京，1997。

御牧克己

1982a　「頓悟と漸悟—カマラシーラの『修習次第』」『講座・大乗仏教第 7 巻 中観思想』春秋社，東京, pp. 217–249.

1982b　*Blo gsal grub mtha'*. Zinbun Kagaku Kenkyusyo, Universite de Kyoto, Kyoto, 1982.

森山清徹

2012　「後期中観派の自立論証としての離一多性因による無自性論証とアポーハ論」『法然仏教とその可能性』法蔵館，京都，pp. 1(L)-54(L), 2012。

長尾雅人

1982　『摂大乗論 和訳と注解 上』講談社，東京，1982。

1987　『摂大乗論 和訳と注解 下』講談社，東京，1987。

野澤静証

1957　『大乗仏教瑜伽行の研究：解深密経聖者慈氏章及び疏の訳註』法蔵館，京都，1957。

Powers, John.

1992　*Two Commentaries on the Saṃdhinirmocana-Sūtra by Asaṅga and Jñānagarbha*, Edwin Mellen Press, Lewiston, 1992.

1993　*Hermeneutics and tradition in the Saṃdhinirmocana-Sūtra*, E. J. Brill, Leiden, 1993.

1998　*Jñānagarbha's Commentary on Just the Maitreya Chapter from the Saṃdhinirmocana-Sūtra: Study, Translation and Tibetan Text*, Indian Council of Philosophical Research, New Delhi, 1998.

沖　和史

1982　「無相唯識と有相唯識」『講座・大乗仏教 8　唯識思想』春秋社，東京，

pp. 177-209, 1982.

鈴木健太

2008　『ハリバドラの『八千頌般若経』解釈方法—『八千頌般若経』第二章註釈部分を中心として—』学位請求論文。

谷口富士夫

2002　『現観体験の研究』山喜房仏書林，東京，2002。

塚本啓祥・磯田熙文・松長有慶

1990　『梵語仏典の研究 III 論書篇』平楽寺書店，京都，1990。

山口　益

1999　『般若思想史』ワイド版，法蔵館，京都，1999（初版は1951）。

資料について

本講録に提出した和訳文資料は，ハリバドラ（9世紀頃）の『八千頌般若経解説・現観荘厳の光』（*Abhisamayālaṃkālālokā Prajñāpāramitāvyākhyā*）中に見られる文章である。ハリバドラのその著作は，荻原本で995頁（V本で448頁）の非常に大部なものであるが，ここに訳出した部分は荻原本で18頁弱（V本で11頁）のほんのわずかな部分でしかない。

この個処は，『八千頌般若経』第十六章の「ものの真相」章の中に挿入されているものである（梶山，丹治訳 p.86）。そこで菩薩の真相と如来の真相がどうして同じであるかという疑問に答える形でハリバドラは，「一切の存在は一・多の自性を欠くから無自性である」という議論を挿入している。

この資料は，カマラシーラ作の MAP と BhK I からの引用で構成されているといっても過言ではない。そして，その内容は，MA，MAV の註釈書といった趣であるが，MAP の網要書といってもいい。そして分量的にも唯識思想批判が，なかでも無相唯識派批判が中心であると言っていい。それは，また，シャーンタラクシタ，カマラシーラが何故に MA，MAV，MAP を著述したかをハリバドラの目で確認し，ハリバドラ自身がどのようにかれらの思想を継承しているか，ハリバドラの思想的立場を理解するに適した内容になっていると言えよう。

ハリバドラ自身の見解を述べる文言は最後の部分に見られるほんの少しのものでしかない。しかし，そのわずかな部分は，ハリバドラの立場を鮮明にするものでもあるし，ハリバドラがシャーンタラクシタ，カマラシーラから継承している最も大事な点を明らかにしている点ともいえよう。また，本資料が『八千頌般若経』の註釈の中に挿入されている理由ともいえる。

又，逆に，ハリバドラ自身の文言の少ないことは，ハリバドラ自身がシャーンタラクシタ，カマラシーラの思想の忠実な継承者であったともいえよう。しかも，そのゆえにTib語訳だけの文献からでは彼らの思想理解に難渋していた筆者にとって，Skt原文（Tib訳もある）でシャーンタラクシタ，カマラシーラの思想を確認できたことは最大の成果といえる。

はじめに

松本史朗氏によって「瑜伽行中観派について」(『チベット仏教哲学』所収。1997年)が出版されてから早くも18年が過ぎた。「この論文は,『瑜伽行中観派』という学派の存在に疑問を提起しようとするものである」という書き出しで始まる本論文は,たいへん刺激的であり,多くの資料が渉猟され緻密な考察が展開された内容豊かなものであるゆえに,それ以前に出版されていた梶山氏の論文「中観思想の歴史と文献」(『講座・大乗仏教7 中観思想』所収。1982年)と重ね合わせれば,「瑜伽行中観派」に関する議論は終結したという印象をもった読者は多かったと思う。

「瑜伽行中観派」の基本的著作と考えられるシャーンタラクシタの『中観荘厳論』に少なからざる関心を抱いていた筆者は,その後,カマラシーラの『修習次第三篇』,さらにこのたびAAAを読む機会に恵まれ,両碩学によっても説明されずに残っている部分があることに気付いた。

「瑜伽行中観派」という名称は,インドにおいては,11世紀頃にラクシュミー(Lakṣmī)によって使用されたことをもって嚆矢とするようである。一方,チベットではすでにその2世紀も以前にイェシェーデ(Ye shes sde)が『見解の差別』(*lTa ba'i khyad par*)において初めて登場させているようである。いずれにせよチベットにおいて流布されていた用語と同種のものがインドにも存在していたことは確かといえよう。しかし，「瑜伽行中観派」なる学派がインドにあっていかなる思想をもち，活躍していたかを知る資料はインドにもチベットにも十分とはいえないであろう。

学派名をサンスクリット語で確認できないのは残念至極であるが，チベット語から還元されたYogācāra-Mādhyamika なる言葉に適わしい思想を持った学者達が，9世紀以前のインドに存在したことは間違いないと思える。

〔中観派と瑜伽行派の〕二つの学説の馬車に乗って，教義の手綱を取る人々は，それゆえ，文字通り大乗教徒の地位を得る。（MA, k.93）

とシャーンタラクシタが語っていることによっても想像できる。その代表的学者として，ジュニャーナガルバ（Jñānagarbha, 8世紀），シャーンタラクシタ（Śāntarakṣita, 725—784頃），カマラシーラ（Kamalaśīla, 740—797頃），ハリバドラ（Haribhadra, 800頃）たちを挙げることができるであろう。

それでは，彼らはいかなる思想をもっていたのであろうか。外界実在論→唯識思想（有相唯識→無相唯識）→中観思想と次第向上する教相判釈を共通認識とした学派であったと，「瑜伽行中観派」を定義しておこう。外界の実在を否定し，一切を唯心に帰し，その心をも勝義としては無自性である，という空の思想を最終目標とする哲学体系を持つ。その中で，唯識説を高く評価しつつも，最終目標の空思想へ至る方便説としているところに特色があるといえよう。この哲学を仏教に伝統的な止・観による修行道の体系，とりわけ「観」の成就の中に援用している。彼らが，また，『入楞伽経』『般若経』，ナーガールジュナの諸文献を主たる教証，理証として利用していることにも注意したい。このように，哲学と修行の両体系によって大乗の仏道を８～９世紀のインドにおいて開示したのが，「瑜伽行中観派」であったといえよう。

結論を先取りする形で代表的四論師の立場を略述しておこう。

ジュニャーナガルバは，上記教相判釈を初めて明示した点で本学派のフロントランナーといえよう。チベットの「学説綱要書」で異なる思想家像が述べられているのは，当時の中観派，唯識派諸論師のさまざまな教義を咀嚼して自己の思想体系を提示しようとしたからかもしれない。唯識派の基本文献である『解深密経』への関与にもそのあとを見ることができよう。

シャーンタラクシタは，インド哲学についての該博な知識を有し，ダルマキールティ（Dharmakīrti, 600―650頃）の影響のもと認識論，論理学を駆使して空性論証に尽力した第一人者であったといえよう。

カマラシーラは，師シャーンタラクシタが構築した空性論証に，仏教に伝統的な止・観の行法を導入し空性の世界を明らかにした。シャーンタラクシタの残した著作では思所成の慧の獲得の記述に留まり，修所成の慧の獲得までを示す，すなわち，中観派の修道体系の開示が必要であると考えた論師であったといえるかもしれない。

この両者が，『入楞伽経』（X, 256―258）を重要視し瑜伽行中観派の教相判釈を確立したことは間違いのないところであろう。

ハリバドラは，AAA の叙述に拠る限り，その思想はシャーンタラクシタ，カマラシーラのそれを全面的に継承した論師といえよう。その上で，無相唯識派の勝義諦についての理解をきびしく否定する点に特色のある人物であった。「不見」（adarśana）という考え方に究極的立場を見出している点で，瑜伽行中観派の中観派的要素を一層鮮明にした論師であったといえよう。

チベットの学説綱要書の解説と照合するならば，四論師とも中観派スヴァータントリカ（Svātantrika, 自立派）の瑜伽行中観派に配当されている点は正しい。しかし，ジュニャーナガルバの配当はさておいて，シャーンタラクシタ，カマラシーラを形象真実派に配当したり，ハリバドラは形象真実，形象虚偽派の両派に位置付けられるのは正しいとはいえない。そもそも，『中観荘厳論』を読むならば，シャーンタラクシタは，有相唯識派も無相唯識派も批判し，また，ハリバドラはきびしく無相唯識派を批判して空性の世界を最終目標としているゆえ，彼らがそれらに配当されるのは奇妙なことである。チベットの学説綱要書の著者たちは，『中観荘厳論』を正確に理解していなかったのではないかとさえ訝りたくなる。

第一章　学説綱要書に見られる論師

それでは，ここで，「瑜伽行中観派」という学派名の由来，この学派を担ったとされるジュニャーナガルバ，シャーンタラクシタ，カマラシーラ，ハリバドラ等の諸論師の中観派における配置等をチベットの「学説綱要書」（宗義書）から学ぶことにしたい。尚，以下の記述は，畏友安間剛志氏が，御牧［1982，1983］，熊谷［2008］の業績を整理しまとめた成果（私家版）を借用して紹介するものである。

⑴　インド仏教文献に見られる中観派分類

インドにおける中観派区分は11c あたりに定着したようである。「自立派」（rang rgyud pa）・「帰謬派」（thar 'gyur ba）の区分はインド文献上では確認されていない。

1．バヴィヤ（Bhavya, 8c 後半）『中観宝灯論』

┌"粗い外なる中"（phyi rol gyi dbu ma rags pa）
└"細かい内なる中"（nang gi dbu ma zhes bya ba phra ba）

2．ラトナーカラシャーンティ（Ratnākaraśānti, 10c 末～11c 初頭）『三乗の設定』

中観派──"「世俗は知識の形象である」と主張する者"（kun rdzob

shes pa'i rnam par smra ba)
└"「世俗は習気である」と主張する者"(kun rdzob bag chags su smra ba)

3．マイトリーパ(Maitrīpa or Advayavajra, 10c 末～11c 中葉)『真如宝環』

中観派┬"如幻不二論者"(māyopamādvayavādin, sgyu ma ltar gnyis med du smra ba)
└"一切法無住論者"(sarvadharmāpratiṣṭhānavādin, chos thams cad rab tu mi gnas par smra ba)

4．ラクシュミー(Lakṣmī, 11c 初頭)『五次第の意味の解明』

┌経量部中観派(mdo sde pa'i dbu ma)
├瑜伽行中観派(rnal 'byor spyod pa'i dbu ma)
└般若経の中観派(rgyal ba'i yum gyi dbu ma)

(2) チベット「学説綱要書」(宗義書)に見られる中観派分類

一方，チベットにおいては，インドで中観派分類の用語が確認される2世紀も以前に(i.e. Lakṣmī の11c の著作以前に)，イェシェーデ(Ye shes sde, 9 c 初頭)が『見解の差別』(*lTa ba'i khyad par*)において，「経行中観」(mdo sde spyod pa'i dbu ma)・「瑜伽行中観」(rnal 'byor spyod pa'i dbu ma)という中観派区分を初めて用いている。そして，ニマタク(Pa tshab Nyi ma grags, 11c)の著作中にインド文献には確認されない「中観自立派」(dbu ma rang rgyud pa)・「帰謬派」(thal 'gyur ba)の中観派区分が出てくる。チベット人たちも自覚しているように，これら「自立派」(rang rgyud pa)・「帰謬派」(thal 'gyur ba)という用語はチベット人自身によって作られたものであるようである。ツォンカパ（Tsong kha pa, 1357—1419）やシャーキャチョクデン（Śākya mchog ldan, 1428—1507）はこのことをはっきりと述べている（Mimaki, 1983, p.164）。

14cのツォンカパの頃には，これらチベットで成立した「自立派」・「帰謬派」という中観派の分類が，元来別次元での区分法であった「経行中観」・「瑜伽行中観」という分類と統合されていく様子が伺える。そして，ヤクトゥン（g-Yag ston, 1350—1414）の著作中には，「経行中観」・「瑜伽行中観」という分類が「自立派」のもとに置かれる。この頃にこれらの用語の統合が定着したようである。この頃，さらなる中観派分類の細分化が見られ，ポドンパンチェン（Bo dong pang chen Phyogs las rnam rgyal, 1376—1451）は「瑜伽行中観」を「形象真実派」（rnam bden pa）と「形象虚偽派」（rnam rdzun pa）に分類している。ジャムヤンシェーパ（'Jam dbyangs bzhad pa, 1648—1722）の時代には，「形象虚偽中観」（rnam rdzun dbu ma）が「有垢論者」（dri ma dang bcas par 'dod pa）と「無垢論と入口の等しい者」（dri ma med pa dang sgo bstun pa）に細分されている。19cの無宗派運動の代表者であるコントゥル（Kong sprul）は，「顕教中観」（mdo dbu ma）と「真言中観」（sngags kyi dbu ma）の区分や，「他空中観」（dbu ma gzhang stong）の細分化を行うなど，さらに中観派区分の細分化が進む。

1．イェシェーデ（Ye shes sde, 9 c 初頭）『見解の差別』

- “経行中観”（mdo sde spyod pa'i dbu ma）：バーヴィヴェーカ
- “瑜伽行中観”（rnal 'byor spyod pa'i dbu ma）：シャーンタラクシタ

2．ニマタク（Pa tshab Nyi ma grags, b. 1055）

┌中観自立〔派〕（dbu ma rang rgyud）
└帰謬派（thal ‘gyur ba）

3．ウパロサル（dBus pa blo gsal, 14c, bKa’ gdams pa）『ロサル宗義書』

┌経行中観派（mdo sde spyod pa’i dbu ma pa）：バーヴィヴェーカ
├瑜伽行中観派（rnal ‘byor spyod pa’i dbu ma pa）：シャーンタラクシタ・ハリバドラ
└世間極成行中観派（’jig rten grags sde spyod pa’i dbu ma pa）：ジュニャーナガルバ・チャンドラキールティ

┌自立派（rang rgyud pa）：バーヴィヴェーカ，ジュニャーナガルバ・カマラシーラ
└帰謬派（thal ‘gyur ba）：ブッダパーリタ・チャンドラキールティ

ウパロサル（dBus pa blo gsal, 14c）の分類では「経行中観派」（mdo sde spyod pa’i dbu ma pa）・「瑜伽行中観派」（rnal ‘byor spyod pa’i dbu ma pa）・「世間極成行中観派」（’jig rten grags sde spyod pa’i dbu ma pa）の分類と，「自立派」（rang rgyud pa）・「帰謬派」（thal ‘gyur ba）の分類は厳密に分けられている。また，ジュニャーナガルバとチャンドラキールティは「世間極成行中観派」に分類されるが，「帰謬派」（thal ‘gyur ba）の細分とはされない。ジュニャーナガルバは「世間極成行中観派」と同時に「自立派」（rang rgyud pa）に分類されている。

ウパロサルの分類では，後代ゲルク派の宗義書に見られるような，「自立派」（rang rgyud pa）の細分としての「経行中観派」「瑜伽行中観派」の扱いはなされていない。以下４名による代表的な分類を比較の

ためにあげる。

4．ヤクトゥン（g-Yag ston, 1350—1414, Sa skya pa）『現観荘厳論註（中）』

- 帰謬派（thal 'gyur ba）＝世間極成行中観派（'jig rten grags sde spyod pa'i dbu ma pa）
- 自立派（rang rgyud pa）
  - 経行〔中観派〕（mdo sde spyod pa）
  - 瑜伽行中観派（rnal 'byor spyod pa'i dbu ma pa）

5．ポドンパンチェン（Bo dong pang chen Phyogs las rnam rgyal, 1376—1451, Bo dong pa）『中観派の解説』

- 論理を行ずる流儀（rtogs ge spyod pa）（＝自立派）
  - 毘婆沙師を行ずる流儀（bye brag tu smra ba spyod pa）：アールヤヴィムクティセーナ
  - 経を行ずる流儀（mdo sde spyod pa）：バーヴィヴェーカ
  - 瑜伽を行ずる流儀（rnal 'byor spyod pa）
    - 形象真実派を行ずる流儀（rnam bden pa spyod pa）：シャーンタラクシタ・ハリバドラ
    - 形象虚偽派を行ずる流儀（rnam rdzun pa spyod pa）：アサンガ
  - 世間極成に等しく行ずる流儀（'jig rten grags sde dang mthun par spyod pa）：ジュニャーナガルバ
- 世間極成を行ずる流儀（'jig rten grags sde spyod pa）：ナーガールジュナ・アールヤデーヴァ・チャンドラキールティ・シャーンティデーヴァ（=帰謬派）

ボドンパンチェンは中観派を「論理を行ずる流儀」(rtogs ge spyod pa) と「世間極成を行ずる流儀」('jig rten grags sde spyod pa) に区分する。「論理を行ずる流儀」の細分として「世間極成に等しく行ずる流儀」が置かれ，その論師にジュニャーナガルバがあげられる。

6．ジャムヤンシェーパ ('Jam dbyangs bzhad pa, 1648—1722, dGe lugs pa)『大学説』

- 自立論証派
  - 経行中観派：バーヴィヴェーカ・ジュニャーナガルバ
  - 瑜伽行中観派
    - 形象真実中観 (rnam bden dbu ma)：シャーンタラクシタ・カマラシーラ・アールヤヴィムクティセーナ
    - 形象虚偽中観 (rnam rdzun dbu ma)：ハリバドラ・ジターリ・カムバラ
      - 有垢論者 (dri ma dang bcas par 'dod pa)：ジターリ
      - 無垢論と入口の等しい者 (dri ma med pa dang sgo bstun pa)：カムバラ
- 帰謬論証派：ブッダパーリタ・チャンドラキールティ・シャーンティデーヴァ

7．コントゥル ('Jam mgon Kong sprul Blo gros mtha' yas, 1813—1900, bKa' rgyud pa)『所知遍満』

中観 (dbu ma)

- 顕教中観 (mdo dbu ma)
  - 自空中観 (dbu ma rang stong)

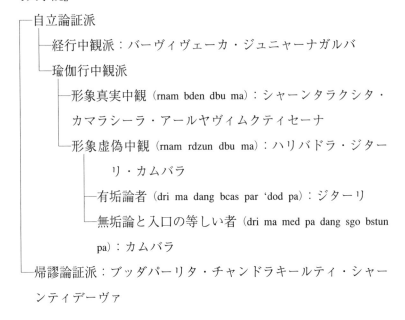

- 自立派（rang rgyud pa）：バーヴィヴェーカ・シュリーグプタ・ジュニャーナガルバ・シャーンタラクシタ・カマラシーラ・アールヤヴィムクティセーナ・ハリバドラ・ブッダジュニャーナパーダ・ディーパンカラバドラ・ヴィタパーダ・タガナ
  - 経行中観派（mdo sde spyod pa'i dbu ma pa）：バーヴィヴェーカ
  - 瑜伽行中観派（rnal 'byor spyod pa'i dbu ma pa）：シャーンタラクシタ
- 帰謬派（thal 'gyur ba）：ブッダパーリタ・チャンドラキールティ

他空中観（dbu ma gzhan stong）：マイトレーヤ・アサンガ・ディグナーガ・スティラマティ・スーガウェドルジェ・ツァンカウォチェ・ユモミキョドルジェ・ランジュンドルジェ・ロンチェンパ・ドルポパ・シャーキャチョクデン・ターラナータ

- 瑜伽行中観派（rnal 'byor spyod pa'i dbu ma pa）：マイトレーヤの３論書の説明形式
- 勝義を確定する中観派（don dam rnam par negs pa'i dbu ma pa）：『宝性論』の説明形式

真言中観（sngags kyi dbu ma）：ナーガールジュナ・プンダリーカ・ヴァジュラガルバ・ヴァジュラパーニ

- 生起次第と結びつく中観（bskyed rim dang 'brel ba'i dbu ma）

└─究竟次第と結びつく中観（rdzogs rim dang ‘brel ba’i dbu ma）

以上の中観派分類によって当該の学者たちの配属を整理すれば次の如くになる。

（イ）ジュニャーナガルバ：経行中観派，瑜伽行中観派，世間極成行中観派

（ロ）シャーンタラクシタ：瑜伽行中観派，形象真実瑜伽行中観派

（ハ）カマラシーラ：形象真実瑜伽行中観派

（ニ）ハリバドラ：瑜伽行中観派，形象真実瑜伽行中観派，形象虚偽瑜伽行中観派

この整理からすれば，いずれも中観自立派であるが，シャーンタラクシタ・カマラシーラ・ハリバドラが瑜伽行中観派に配当されることは一致しているようである。しかし，前二者は形象真実派とされ，ハリバドラは形象真実派，形象虚偽派にもその名が見られる。ジュニャーナガルバに至っては理解が一致していないことが顕著である。尚，ハリバドラについて，ケードゥプ（mKhas grub, 1385—1438）はシャーンタラクシタとともに「如幻理証中観派」（sgyu ma rigs grub pa’i dbu ma pa）に配当している。

これら『学説綱要書』に見られる中観派の分類について安間氏は次のようにまとめている。

1．経行中観派，瑜伽行中観派，世間極成行中観派，自立派，帰謬派といった分類用語はすべてチベット人によって生み出された。

2．経行中観派，瑜伽行中観派，世間極成行中観派という分類と自立

派，帰謬派という分類は，もともと規定が異なっていた。前者は中観派論師が世俗において取る立場によってされる分類であり，後者は中観派論師が一切法無自性・空を論証するにあたって自立論証法を用いるか帰謬法しか用いないかによってなされる分類である。

3．後代のゲルク派の論師がこれら２つの分類を結びつけたが，その傾向はツォンカパによって始まったようである。

4．経行中観派や瑜伽行中観派といった用語を直接インド仏教に適用するには限界がある。たとえば，バーヴィヴェーカを経行中観派の論師としたとき，世俗のレヴェルでは経量部の立場を取り，勝義では中観派の立場を取ると考えているが，実際には世俗のレヴェルで経量部の教義とまったく同じことをバーヴィヴェーカが認めていたというわけではないからである。同じことは，シャーンタラクシタを瑜伽行中観派と呼ぶ場合にも言える。かれの世俗の立場が唯識派の立場と完全に同じであったというわけではないからである。

このようにチベット人発明の用語をインド仏教にそのまま適用することには限界があるものの，『学説綱要書』の記述をインド後期仏教思想の理解手引きに使用するにはこれほど便利なものはない。従って，我々にはまだまだインド文献によって仏教論師たちの思想を確認していく地道な仕事が残されているわけである。

第二章　先行研究から

1．山口説

山口［1951］は，瑜伽中観自立派の有相唯識的学説にシャーンタラクシタとカマラシーラが，無相唯識的学説にハリバドラが配当されていた旨，紹介している（p. 174）。この配当は，ジャムヤンシェーパ（1648—1722），チャンキヤ（1717—1786），ジクメーワンポ（1728—1791），トウカン（1737—1802）の学説綱要書にみられるものであり，そのいずれかの研究に基づいた成果からの紹介であろう。さらに山口はAAAに見られる「現観荘厳」の意味内容を明らかにし，その「現観荘厳」がハリバドラによって中観派的にその宗義が決擇された旨述べている。中観派としては諸法皆空の原理とともに，その皆空の原理が行道の体系として与えられねばならず，それが「現観荘厳」によって示された，というのである。（山口［1951：175—180］）。因みに「現観荘厳」とは，山口によれば，「道」すなわち現観を説示するもので，般若経の内容，その記述次第と一致して書かれた般若経の要約論である，という。

現在ほどに「学説綱要書」の研究が進んでいなかった時代，さらには浩瀚なAAAの内容からハリバドラ像を学界に紹介した山口の業績は画期的なものであったといえよう。

2．松本説，梶山説

シャーンタラクシタ，カマラシーラ，ハリバドラがいかなる思想の持主であったかの検討は，チベットの「学説綱要書」の記述を出発点としてインド側文献で確定しようとする研鑽が両碩学によってもなされた。両大家の議論の応酬は，お互いの立場を高く評価しつつ該博な知識と綿密な資料操作に基づいて展開され，学術上の論争はかくあるべきものと読者に感銘を与えたように思う。両氏が利用する文献に少なからず関心を抱く筆者はつねに大いに稗益され，自らの理解力の不十分さを嘆くばかりであった。以下の筆者の理解も両氏の成果なくしてはあり得ないものであり，本稿の叙述に入るにあたり，まず感謝の意を表する次第である。

シャーンタラクシタの思想的立場を判断する資料として，両氏ともMAの第91偈およびその自注を重要視しておられ，そこの叙述を通して，チベットの「学説綱要書」の記述の当否を判断しておられる。そこでまず，第91偈にいたるまでの叙述内容を略述する。

「因果関係は世俗として否定されない」(k. 84) と述べ，従って中観派の解脱への道，修道の体系も可能であるとする (kk. 85—87)。

解脱への障碍は錯誤に基づく執着にあると見抜く (k. 88)。そしてMAV (284.12, 一郷［1985(研究編)：180］) で「これは勝義として存在する」というのは執着であると言葉を添えている。六ハラミツの実践も無執着のあり方で，布施も三輪清浄のあり方で修すべきであるという (kk. 88—89)。

その無執着についての教証として「世尊よ，一切法を見ないということが真実を見ることである」という『法集経』(これについては後で論述）や『仏母経』が引用されている。

この文脈の中で「勝義として存在するもの」としてシャーンタラクシタにとって無視できぬものは，自己認識の存在であったといえよう。この推測を裏付けるのが突如顕われる次の文言である。「自己認識も世俗諦に属するものである。それ（自己認識）は一，多の自性として吟味に耐えることができないゆえに」（MAV 290, 一郷［1985（研究編）：182］）。

「唯識」派にとって，有相派であれ虚偽派であれ，最終的な存在として残る識，即ち自己認識・不二知は真実であり，円成実性のものであり，勝義にほかならない（梶山［1982：52—53］）。

であればこそ，シャーンタラクシタは，第91偈の導入部で，「世俗の存在」とは何かを確認した上で第91偈を提出していると理解できよう。その世俗の存在は，「外界のものを自体とする」のか「心・心所のみを自体とする」のか，という問題提起をする。前者がバーヴィベーカであり，後者は「心・心所を自体とする」の表現から唯識派であることは容易に推定できる。

そこで「もう一方の人々の考えは〔次の如くである〕」として第91偈が示される。ここの「考え」のチベット語は sems pa であるが，唯識派の心・識に掛けて訳されているかもしれない。「他の人たち」をカマラシーラは，「後者の見解（世俗の存在を心・心所のみを自体とする）こそ正しいと見ている人たち」と註釈する（MAP 293. 1—2）。

さて，第91偈は次のように和訳されている。

> 因と果の関係としてあるものも，知だけである。すなわち，自ら成立しているものは知において存在しているのである。（松本訳［1997］p. 122）

原因と結果としてある〔世俗の事物〕もまさに知識にほかならない。自立的に存在する〔とされる外界の対象〕は〔実は〕知識の中にあるのである。（梶山訳［1982］p. 36）

この第91偈ならびにその註釈をめぐって，梶山氏は第91偈はシャーンタラクシタの立場を示すものであり，瑜伽行中観派の根拠になるものと論じた（梶山［1982：37］）。さらに「シャーンタラクシタを形象真実論者と断定することは危険である」（梶山［1982：63］）とも論じた。

一方，松本氏は，本偈はシャーンタラクシタの立場を示すものではないし，シャーンタラクシタを瑜伽行中観派とはみなしておられない。そして本偈ならびにその註釈には有形象唯識説が説かれていることは確実である，と論じられた（松本［1997：131，134，157］）。

さて，筆者は，第91偈がシャーンタラクシタ，ならびに瑜伽行中観派の立場を示すものではないと理解する点では，松本氏と同意見である。一方，第91偈およびその註全体が，有形象唯識説を説くものであるとする点は松本氏と理解を異にする。

この第91偈がシャーンタラクシタの立場を示すものでないことは，松本氏もいわれるように（松本［1997：135］），第92偈への導入の役割を果たしているに過ぎないからである。シャーンタラクシタは，瑜伽行中観派の立場に立って，空，無我という究極の立場へ導くために，その方便説として唯識説を採用し，自己の立場を示す（第92偈）直前に，唯識説を提示，紹介しているに過ぎないと理解する。

第92偈は次の如きものである。

唯心（の理論）によって外界のものは無であると知るべし。〔一切法無自性という〕この理論によって，そこ〔唯心の理論〕においても，真に，無我であることを知るべし。

本偈が，外界実在論→唯識説→無我説へという向上プロセスを示し，空性・無我が究極の立場であると示しており，この思想がシャーンタラクシタのものであることは，言を俟たない。この教相判釈がLA X—256，257，258を教証としてなされるのが瑜伽行中観派の思想である，と結論づけられる。これについては後述する。

ところで，松本氏が，第91偈およびその註釈が有形象唯識論を示すものであることを証明するものとしてハリバドラの一文を提出される（松本［1997：130—131］）が，それについて検討しよう。（以下の訳文は筆者のもの）。

> さて，知覚によって対象の確定はあるし，現に知覚経験されていないことによって対象は全く見えないものであるし，等無間縁によって一定の結果は生ずるのであるし，それ（対象）なくしては分別することはできない（という諸理由）から，自ら成立するものにほかならない（svataḥ siddharūpam eva）不二知（advayaṃ jñānam）は，一を自性としており，勝義としては所知・能知の関係を離れたものである。（そして，その不二知は）無因であれば常に有等がつきまとうし，また，常住性であれば効果的作用はありえないから，自己の因に基づいて生じたものであり，生ずるや否や消滅するものである。ただ，無始より生存に存在するものへの執着の薫習の成熟によって，そこ（不二知）に諸形象が顕現するから，存在（bhāva）というものは，知（jñāna）を本質とするものである，と瑜伽行者たちによって認められている。（AAA 626.7—14）

この一文には，有形象唯識論も無形象唯識論も語られていると筆者は理解する。ハリバドラ自身がいうように，ここで「存在とは知を本質とするものである」と認めているのが，瑜伽行派の思想であるということだけを語っておけばよかったのであろう。松本氏が強調する svataḥ siddharūpam（rang gis rab tu grub pa'i rang bzhing nyid, P vol. 90, 176, 5. 8）という表現は，後述するように，実は無相唯識派の不二知の説明によく使用されている。不二知すなわち自己認識が勝義のものであることは唯識派なら当然であろう。

松本氏が紹介する上引の文章の直後にハリバドラは次のように語る。

その場合でも，それら諸形象は，真実なものか，あるいは，影像等の如き吟味されない限り認められるものか，という選択肢がある。（AAA 626.15―16；梶山に訳あり。梶山［1982：62]）

つまり，ハリバドラは，これから有相唯識派と無相唯識派についての検討に入るわけで，松本氏上引の文言は，検討に入る以前のものであるから唯識説―有相・無相を含めて―の紹介という意味合いを持ったものであるといえよう。

さて，筆者は第91偈を次のように訳す。

原因や結果としてあるものも，ただ知識にすぎない。（ab 句）
〔根拠なくして〕自ら成立しているもの，それは知識として在る。（cd 句）[(1)]

筆者も AAA の叙述に拠って本偈を理解しようと思う。結論として筆者の理解を述べれば，ab 句は有相唯識派の考え方，cd 句は無相唯識派の考え方であると理解し，自己の立場を提示する第92偈に先立っ

(1)　以前は d 句を「それは知識であると決定される」と訳したが（一郷［1985（研究編）：183]），今は若干，語を改めた。

て方便説として両唯識説を紹介している，と判断している。

b句d句に知識（śes pa）という単語が使われているが，カマラシーラはb句のそれは「諸知」（śes pa rnams）と注釈している。d句の「知識」については何ら注釈が施されていないが，自己認識を意味すると松本氏は理解されておられるようであり（松本［1997：129］），筆者も同意見である。とすれば，諸知を因縁生・依他起のものとみなすのが有相唯識であり，自己認識を自己成就のものとみなすのが無相唯識派である旨，示していると筆者は理解する。

第91偈に対するMAVの個処を筆者は次のように訳す。

(1)（無相唯識派は）自己成就というあり方（ṅo bo; *svabhāva, *rūpa）を捨てて（*parityajya），知識（自己認識）の別のあり方（ṅo bo）を考えることはない。自己成就を本性（raṅ bshin; *svabhāva, *prakṛti）とするもの（自己認識）も夢や幻等の色・形（gzugs; *rūpa）のようなものである。

(2) 外界のものと考えられている色・形等は，知識と離れて存在するとしても，眼等と同様，同時にしろあるいは同時でないにしろ，近接因がないから知覚されることにはならない。それゆえ，それら（色・形等の）知覚は，異なるものではない青の中にある青等の形象（rnam pa）を知覚しているのである。知覚を本性（ṅo bo）としているから，夢や幻等の色・形の知覚のようなものである。

(3) もし知識の形象を生ぜしめる別の対象は，結果（＝知識）と離れて存在すると推理される（という）ならば，そうであれば，やはり，直接知覚されるものであるとは証明されず，推理されるものにすぎない。そうであれば，やはり，これ（対象）は存在しないと証明される。等無間縁は確かに存在するし，極微等は否定されているゆえに（対象がなくても知識は成立する）。[2]

この註釈の意味することを次のように理解する。(3)の部分は梶山氏が「典型的な経量部の思想」と言っておられる（梶山［1982：37］）。(2)は色・形等を外界のものと考えているから説一切有部等であろう。この(2)(3)はいわゆる外界実在論を否定して唯識への悟入をここで示しているといえよう。従って，この(2)(3)が，唯識説・有形象唯識説を語るものであることは容易に理解できる。

問題は(1)の部分の解釈である。チベット語原文とともに梶山氏，松本氏の訳を掲示しておこう。

raṅ gis grub pa'i ṅo bo bor nas śes pa'i ṅo bo gźan rtog pa med do // raṅ gis grub pa'i raṅ bźin yaṅ rmi lam daṅ sgyu ma la sogs pa'i gzugs bźin no //（MAV 292. 6—8）

自立的存在なるもの（すなわち，全く知覚されない atyanta-parokṣa 外界の対象）〔の形象 ākāra〕を捨てた，別個な知識の本性〔だけ〕を知ることはない。〔だから〕自立的存在なるものも，夢や幻などの形のようなものである。（梶山［1982：36］）

〔自己認識によって〕自ら成立している形象（rang gis grub pa'i ṅo bo, svataḥsiddharūpa）を捨てて，別な，知の形象（ṅo bo, rūpa）を想定すること（rtog pa）はできない。自ら成立している形象（raṅ bshin, rūpa）も，夢〔の中〕と幻等の色（gzugs, rūpa）のようなものである。（松本［1997：129—130］）

---

(2)　前注同様，新しい理解に拠って以前の訳（一郷［1985（研究編）：183］）を改めている。

そこに二回登場する ṅo bo なるチベット語が問題なのである。梶山氏は，始めの ṅo bo は〔 〕に入れて松本氏と同様，「形象」と訳されたが，後の方は「本性」と訳された。松本氏は二回とも「形象」の訳語をあてられた。筆者は以前（一郷［1985（研究編）: 183］）両方とも「あり方」と訳し松本氏から批判された（松本［1997 : 132，134］）が，今回も踏襲した。

今回，AAA の試訳を資料として巻末に付しているが，AAA において ākāra の訳語は rnam pa が普通であって，ṅo bo の訳語は寡聞にして知らない。

この(1)の部分をもって両氏とも一致して形象真実説の根拠としておられる（松本［1997 : 132］）。そして，この部分についての梶山氏の次の如き解説に松本氏は賛意を表された（松本［1997 : 132］）。

「シャーンタラクシタはここで，外界の対象の形象にせよ，知識自体の形象にせよ，形象を離れた知識の本性，つまり，自己認識そのものはだれにも自覚されない，といっているのであって，これはまさしく形象真実論の立場からでなくては云えないことである」（梶山［1982 : 62—63］）

筆者が賛成しかねるのは「自己認識そのものはだれにも自覚されない，云々」の文言である。梶山氏は「自己認識以外には知識のあり方は知られない」と表現なさるべきでなかったかと推測する。なんとなれば，自己認識は，カマラシーラによれば「牛飼いにまで成立している」と，LA X—257を注釈する次の文脈の中で述べている。

もしヨーギンの知，不二知を無顕現とすること，それも何が無顕現と理解するのか。まず，自らによってではない，（自己に対して）自身がはたらくことは矛盾している故に。他によってでもない，無限遡及の誤謬になるゆえに，というなら，それは誤謬にならない。不二性と無顕現性は自己認識によって理解してから後得智によって確認しており，自己に対して自身がはたらくことは矛盾でもないように，無自性についてもそれと同様である。自己認識も牛飼いにまで成立しているから，全く非難には値しない。

（MAP 299, 23—24，尚 yaṅ は yan に訂正）

先にも言及したが，シャーンタラクシタ，カマラシーラにとって，「自己認識は世俗諦に属するもの」（MAV 290，一郷［1985（研究編）：182］）であり，牛飼いにまで成立するものであるから，それが「だれにも自覚されない」とは言えないであろう。シャーンタラクシタ，カマラシーラ，ハリバドラは，無相派が自己認識を幻の如きものと形容しながら，勝義のものと見なしている点が許せないのである。

以上から，MA 第91偈に対する自註（MAV）の(1)の部分は，形象真実説を語る根拠ではなく，第91偈 cd 句に対する注釈であり，無相唯識説の見解を示すものといえよう。それでは，何故 ab 句に先立って cd 句への解説を施しているのであろうか。それは，シャーンタラクシタにとって無相唯識説こそが一義的な対治者と考えられていたからであった，と推測する。

このように注釈文を理解することによって，MA 第91偈は，有相唯識説，無相唯識説の両説を紹介することによって，シャーンタラクシタ自身の立場を示す第92偈へつなげていると理解する。

第三章　瑜伽行中観派の論師たちの思想

第一節　ジュニャーナガルバ

8世紀初頭に活躍したとみなされるジュニャーナガルバ（Jñānagarbha）の思想的立場をめぐっては，インドの文献のみならず，チベット宗義書文献の伝承においても確定していないようである。すなわち，経行中観派か瑜伽行中観派か世間極成行中観派のいずれとも特定できないのが実情である。そのいずれともとれる見解をもっていたのが，ジュニャーナガルバであったともいえる。松本［1982］は，ジュニャーナガルバの見解に，バーヴィヴェーカ，ダルマキールティ，チャンドラキールティ，シャーンタラクシタ，カマラシーラなどの諸論師からの影響，類似性があることを詳細に論述されておられるが，宗義書文献が示す上記三学派のいずれであるかの判断は控えておられる。赤羽［2004］は，『二諦分別論』にたいするチベット人の註釈書の研究を通して「世間極成行中観派」の論師とするのが妥当だと論じられた。

筆者は，ジュニャーナガルバの『二諦分別論註』，シャーンタラクシタの『中観荘厳論』，カマラシーラの『修習次第』『中観の光』の研究を通して，ジュニャーナガルバが「瑜伽行中観派」の先駆的存在であったと理解する。

ここでは，彼の主著といえる『二諦分別論註』の中，及び『解深密経』「弥勒章」に対するジュニャーナガルバの注釈の中に，いわゆる瑜伽行中観派の根本的思想と一致する文言があることを紹介し，彼の思想的立場を確認する。

まず，瑜伽行中観派の教学が如何なるものであるかを改めて簡潔に紹介すれば，次のようになる。

教学的・宗教的には，説一切有部や経量部の唱える外界実在論から，有相唯識，さらには無相唯識の唯識論へと展開し，そして，唯識論をも超えて中観思想へと向上的に進むものである。唯識説を方便説としては高く評価するが，勝義の立場からは否定して中観派の空性の世界を究極的な目標とするものである。

それでは，今，紹介した瑜伽行中観派の思想が，ジュニャーナガルバの著作の中にどのように見られるか，調べることにしよう。

(1)『二諦分別論』の第32偈とそれに対する自註の文章を取り上げる。

> 慈悲そのものであるかの世尊は，〔世俗は〕分別によって束縛されているものだとご覧になって，「唯心」等のさまざま〔な教説〕をもって，束縛と解脱をお説きになった。（第32偈）
>
> 業と結果をわきまえ，慈悲そのものを身体としているかの世尊は，輪廻の監獄で分別の足枷に束縛されている境遇の人をみそなわし，意のままに，蘊，界，処，唯心，一切法無我を説くという順序で，存在への執着をあますところなく否定なさって，その境

遇の人（*gati）に，束縛と解脱をお説きになられた。（SDVV 13a2—4）[3]

この自註に「蘊，界，処，唯心，一切法無我を説くという順序で，云々」という文章があり，外界実在論から唯識思想へ，そして中観思想へと展開するプロセスをはっきりと見ることができる。これは，瑜伽行中観派の教相判釈そのものである。

(2) 次は，『二諦分別論註』とそれに対するシャーンタラクシタの細疏（pañjikā）の文章を見る。

知識本体の中には，極微および不二なるものの自性は顕現しない。顕現していないものには言語表現は付されない。顕現しているもの，それも，決して実在する自性ではない。集合せるものも，二なるものも，実在するものではないゆえに。（SDVV 13b3）[4]

「極微」云々は，有外境論者の見解に基づいて言われている。

---

(3) SDVV（13a2—4）
thugs rje'i bdag nyid de nyid kyis/ /
rtog pas bcings pa gzigs nas ni/ /
sems tsam la sogs bye brag gis/ /
bcings pa thar pa bstan pa mdzad/ /(k. 32)
bcom ldan 'das las dang 'bras bu mkhyen pa thugs rje'i rang bzhin gyi sku can de nyid kyis 'khor ba'i btson rar 'gro ba rtog pa'i lcags sgrog gis bcings pa la gzigs nas/ bsam pa ji lta ba bzhin du phung po dang khams dang skye mched dang / sems tsam dang / chos thams cad bdag med par bstan pa'i rim gyis dngos por 'dzin pa ma lus par sel bar mdzad cing / / 'gro ba la bcings pa dang thar pa bstan pa mdzad do/ /

(4) SDVV（13b）: shes pa'i bdag nyid la ni rdul phra rab dag dang / gnyis su med pa'i dngos po'i ngo bo mi snang ngo / /mi snang ba la ni tha snyad med do/ / snang ba gang yin pa de yang dngos po'i ngo bo kho na ma yin te/ 'dus pa dang gnyis kyang dngos po ma yin pa'i phyir ro/ /

「不二」云々は，識論の見解であって，彼らに従えば，存在の自性である識の本体が所取・能取という本体を欠くことが「不二」ということである。もし顕現していなくても我々はそれによって言語表現を付すのである，と言われるのに対して，「顕現していないものには」云々と述べている，もし顕現によって言語表現を付すことになる，と言われるのに対して，「顕現しているもの」云々と述べている。なにゆえ，決して存在の自性ではないのか，と言われるのに対して，〔次のように〕述べた。「集合せるもの」は存在するものではないゆえに。「不二」も存在するものではないゆえに，と〔文章は〕つながるのである。(SAVP 47b6—48a1)[(5)]

この文章によっても，外界実在論の否定，識の自性を否定するジュニャーナガルバの姿勢を見ることができる。

(3)　次は『解深密経』の経文に対するジュニャーナガルバの注釈の文章についてである。

『解深密経』「分別瑜伽品」すなわち「マートレーヤ章」の第５に次のような一文がある。

---

(5)　SDVP(47b6—48a1): rdul phra rab dag dang zhes bya ba ni phyi rol gyi don yod par smra ba'i lta ba la brten te bshad pa'o / / gnyis med pa zhes bya ba ni rnam par shes par smra ba'i lta ba ste / de dag gi ltar na rnam par shes pa'i bdag nyid dngos po'i ngo bo gzung ba dang / 'dzin pa'i bdag nyid kyis dben pa ni gnyis med pa yin no / / gal te mi snang du zin kyang kho bo des tha snyad 'dogs par 'gyur ro snyam pa la / mi snang ba la ni zhes bya ba la sogs pa smros so / / gal te gang snang ba des tha snyad 'dogs par 'gyur ro snyam pa la snang ba gang yin pa zhes bya ba la sogs pa smos so / / ci'i phyir dngos po'i ngo bo kho na ma yin snyam pa la / bshad pa / 'dus pa ni dngos po ma yin pa'i phyir ro / /gnyis kyang dngos po ma yin pa'i phyir ro zhes bya bar bsnyegs so / /

心一境性とは何か，三時の対象であるかの影像を，これは唯記識（vijñaptimātra）である，と理解することである。それを理解した上で，真如を思惟すること（manasikāra）である。(6)

これに対してジュニャーナガルバは次のように注釈している。

心一境性とは何かという質問の答えとして，三時の対象である影像を〔これは唯記識であると理解して〕云々と言われた。

これによって，次のことを説いている。「三時において，心の影像の顕現であるもの（法）は，心と異なるものではない。それらの（法）の自性は成立していないのであるから。それゆえ『これは唯記識である』と真実（bhūtakoṭi）を理解する」と説いている。「理解する」とは，自内証のことである。「それを理解した上で真如を思惟する」という文章の中の「それを理解する」とは，唯記識性と理解することである。それを理解した上で真如を理解する，とは，唯記識をも伏滅することによって心一境性を完成することである。心の真如は正に自界（心の世界）に存在するからである。(7)

これら２つの資料で判明することは次の点である。『解深密経』自身が，三時の対象の影像（pratibimba）を唯記識（vijñaptimātra）と理解し，その上で，真如（tathatā）を作意する，というプロセスを語っており，これは，外界の非実在→唯識→真如というプロセスを語っていることにほかならない。

これを註釈したジュニャーナガルバの文言によってこのプロセスは，

---

(6) SNS（92II.11―13）: sems rtse gcig pa nyid gang lags / ting nge 'dzin gyi spyod yul gzugs brnyan de la 'di ni rnam par rig pa tsam yin no zhes bya bar rtogs te / de rtogs nas de bzhin nyid du yid la byed pa gang yin pa'o/野澤［1957：207(6)］

一層，はっきりしている。とりわけ，唯記識を理解した上で真如を理解する，というくだりで「真如を理解する」とは，「唯記識」を伏滅すること，と注釈している点に注目したい。唯識思想をこえて真如に達する，と明言しているわけである。

ここで「伏滅する」と訳した日本語訳は，長尾先生の『摂大乗論』の和訳でお使いになっている訳語を拝借している[(8)]。そのチベット語，rnam par bshigs pa に注目したい。

このチベット訳は，実は『摂大乗論』の第３章，順決択分，すなわち，四善根のうちの「世第一法」を語るところに見られる単語である。

さらにカマラシーラの『修習次第』「初篇」においてやはり「世第一法」を理解するところで，この，rnam par bshigs pa は使用されており，それには対応する Skt が vibhāvana であることが判明するわけである（一郷［2011：49］）。

そして，『修習次第』の解説には「所取・能取の形象を欠いた不二

---

(7) SNSBh (27—28): sems rtse gcig pa nyid gang lags zhes gsol ba'i lan du / ting nge 'dzin gyi spyod yul gzugs brnyan de la ['di ni rnam par rig pa tsam yin no zhes bya bar rtogs te/] zhes bya ba la sogs pa gsungs so/ des 'di skad bstan te / chos gang dag ting nge 'dzin la sems kyi gzugs brnyan gyi rnam par snang ba de dag ni sems dang tha dad pa ma yin te/_de dag gi ngo bo nyid ma grub pa'i phyir ro / /de'i phyir 'di ni rnam par rig pa tsam yin no zhes bya bar yang dag pa'i mtha' rtogs pa yin no zhes bstan to / / rtogs pa zhes bya ba ni so sor rang rig pa'o/ /de rtogs nas kyang de bzhin nyid du yid la byed pa zhes bya ba la / / de rtogs zhes bya ba ni rnam par rig pa tsam nyid du rtogs pa'o / /de rtogs nas de bzhin nyid rtogs pa ni rnam par rig pa tsam yang rnam par bshigs pas sems rtse gcig pa nyid yongs su 'grub par 'gyur te / sems kyi de bzhin nyid ni rang gi khams nyid la gnas pa'i phyir ro/ /野澤［1957：209］

(8) 長尾雅人『摂大乗論　和訳と注解　下』p. 69. なお，『修習次第』におけるこの語については，一郷［2011：49(n. 219), 36(n. 169)］参照。

知（advaya-jñāna）をも伏滅する」とある。この不二知（advaya-jñāna）というタームは，『修習次第』では無相唯識の知を示すタームとして出ている。従って，その不二知を伏滅するのが，中観派の立場になっているわけである。

このように rnam par 'jig pa（bshigs pa）というチベット語に注目すると，ジュニャーナガルバの『解深密経』の注釈において，唯識思想を否定して，中観派の立場である，「真如」へ向上するというプロセスが語られているのを見ることができる。

(4) 次に，『解深密経』「マイトレーヤ章」の影響下にあるとみなせる『修習次第』の「後篇」の叙述と対応させてみるとき，ジュニャーナガルバの『解深密経』の注釈の中に，もう一度，瑜伽行中観派の見解が示されていることを指摘してみたい。

経文に「菩薩が，かくの如く真如を作意しつつあるときには，一切の微細なる相の現行において更にしばらく心を平衡状態におく」という文言がある。(9)

その「一切の微細なる相」として21項目が示されるが，その最後の2つが「人無我の相」と「法無我の相」である。つまり，この二無我が現行することにおいて，心が平衡状態になるというわけである。

この二無我の検討において，心が平衡状態になるという論法は，『修習次第』の「後篇」「中篇」の観（vipaśyanā）の検討のところで見られたことである。(10)

---

(9) 野澤［1957：371，372］

(10) BhKIII 5.18—8.17（一郷［2011：103—106］），BhKII 37.5—45.7（一郷［2011：78—83］）。

この経文を注釈して，ジュニャーナガルバは次のように言う。

> 真如を作意することは，一切相の対治であるから，それ〔真如〕を作意する菩薩には微細なる相はすべて現行しない。…微細なる相とは「心の執着の相」乃至「法無我の相」である。[11]

これによっても，心の執受の相（citta-upādāna）を始めとし，二無我の相が現行しないことによって，心が平衡状態になり，真如に到達するプロセスが語られている。

このジュニャーナガルバの一文に，真如を作意，思惟する前の段階で，人無我，法無我の検討をおき，それによって，心の現行，発動を平衡状態にする，すなわち，心がとらわれのない状態になることが述べられているわけである。

この『解深密経』の経文は，菩薩がいかに止（śamatha）観（vipaśyanā）を修習したら無上の完全な悟りに達するのか，を語る一文である。

そして，正に，瞑想修行において心を平衡状態にした上で，真如を思索するというプロセスが述べられているわけである。このように修行面においても，唯識の立場をこえて中観の立場へと向上するプロセスがあることを，ジュニャーナガルバが『解深密経』の注釈の中で述

---

(11) SNSBh de de ltar de bzhin nyid yid la byed pa na zhes bya ba la / de zhes bya ba ni byang chub sems dpa'o / / mtshan ma phra mo kun tu 'byung ba thams cad la yang re zhig sems lhag par btang snyoms su 'jog na zhes bya ba ni / de bzhin nyid yid la byed pa ni mtshan ma thams cad kyi gnyen po yin pa'i phyir / de yid la byed pa'i byang chub sems dpa' la ni mtshan ma phra mo dag kyang kun tu mi 'byung na / mtshan ma rags pa kun tu 'byung ba lta smos kyang ci dgos zhes bstan to / / mtshan ma phra mo dag ni / sems kyi len pa'i mtshan ma zhes bya ba nas / chos la bdag med pa'i mtshan ma zhes bya ba'i bar dag go /（Nozawa ed., p. 91, 1—10）（野澤〔1957：376〕）

べている，と理解できるであろう。

以上，ジュニャーナガルバ自身の著作の中に，思想的にも修行面においても，唯識思想をこえて中観思想を究極の立場とする見解，態度を見ることができるように思える。

これが正に，後のシャーンタラクシタ，カマラシーラの立場と一致するように思えるので，ジュニャーナガルバは瑜伽行中観派を担ったフロントランナーであったと見ることができるように思える。

第二節　シャーンタラクシタ

筆者は第91偈 c 句の「自己成就」を無相唯識派の見解と見なした（本書19頁）が，その理由を述べることによって，シャーンタラクシタの立場を示すことにしよう。同 a 句の「原因や結果としてあるもの」と c 句の「自己成就」は対極的な概念である。また，形象を依他起性と見るか遍計所執性と見るかがが両派の相違のメルクマールであることも想起しておこう。（梶山［1982：58］）。これからの筆者の理解も松本氏の叙述にヒントを得ている。

1．前述の如く，松本氏はチベット語 ṅo bo を「形象」の意にとられ，注釈(1)の冒頭部分で「自ら成立している形象」（松本［1997：129］）と訳された。そして，その「自ら成立している形象」の「自ら成立している」の意味を「自己認識（svasaṃvedana）によって成立している」「自己認識される」と解釈されるから，（松本［1997：133］），自己認識の対象は「形象」となろう。この解釈に基づけば第91偈 c 句の「自己成就」

の内容は，自己認識によって成立する形象となるであろう。しかし，第91偈は，文字通り，唯識派の śes pa「知識」が論点であるはずである。第91偈中の「知識」が「自己認識」であることは松本氏も気づいておられる（松本［1997：129］）ように思う。ところが，ṅo bo を「形象」と訳されたがために，「自己成就」の内容が「自己認識によって成立している形象」（松本［1997：133］）となってしまい，「自ら成立しているものは知において（śes par, 筆者が補う）存在しているのである」という cd 句の訳になり，「知の〔中に顕現するさまざまの〕形象は，自己認識の対象である」ことが「この一文の主旨」（松本［1997：132］）というご理解に達せられた，と解釈する。

２．「自ら成立している」（raṅ gis grub pa）という表現の Skt. 原語を松本氏は，上引のように AAA 中（226.9—10）の svataḥ siddha-rūpam に比定された。（松本［1997：133］）。これは貴重な発見であった。しかし，この発見は皮肉にも，以下に述べる筆者の見解—松本氏と異なる—の形成に非常に有益な資料となったことに感謝している。

svataḥ という語は，本講録に資料として掲載する試訳の中で，それのシノニム表現を含めれば３回出ている（AAA 626.9 raṅ gis rab tu grub pa (P vol. 90, 176, 5.8), 634.10 raṅ bshin gyis grub pa (P vol. 90, 179, 5.6), 640.11 raṅ nyid (P vol. 90, 182, 2.2)）。その三つの原文と試訳を掲げる。

① svataḥ siddha-rūpam（raṅ gis rab tu grub pa, P vol. 90, 176, 5．8）evādvayaṃ jñānam ekasvabhāvaṃ paramārthato grāhya-grāhaka-bhāva-rahitam（626.9—11）

（この部分の試訳は提出ずみ。本書18頁参照）

② athāpi syāt: kasyacin nisarga-siddam (raṅ bshin gyis grub pa, P vol. 101, 179, 5.6) evādvayaṃ jñānaṃ prapañcāpagatam ekaṃ bhaviṣyatīti, tad ayuktum nisarga-siddhatve (raṅ bshin gyis grub pa, P vol. 101, 179, 5.6) hi pratiniyatāśraya-parigraheṇānāyattatvān na tathāvidhā sattā kasyacid viramet. tataś ca pratītyādivirodho bhavet. (634, 10—13)

また，(次のような反論) もあるかもしれない。或る人には，固有に成立していて (自己成就の) 不二にして戯論を離れた知は，一なるものとして存在するであろう，と。それはありえない。なんとなれば，固有に成立している (自己成就の) ものには，一定の拠り所を獲得することによる (他への) 依存はないから，いかなるものでも，そのような種類 (不二の知) の実在性が消滅することはありえない。それゆえ，(その不二知は) 世間でしられていること (pratītya, grags pa) と矛盾することになるであろう。

③ tad evaṃ bhāvābhāva-vikalpābhyāṃ sarvavikalpasya vyāptatvāt vyāpakābhāve vyāpyasyāsaṃbhavāt tattvato bhāvābhāva-parāmarśa-rahitān avicāra-ramaṇīyān antar bahiḥ sāra-virahiṇaḥ kadalīskandha-nibhān sarva-bhāvān evaṃ sarvākārajñatādy-aṣṭābhisamaya-krameṇa prajñācakṣuṣā nirūpayato bhāvanā-bala-niṣpattau keṣāṃcin maṇirūpādi-jñānavad utsārita-sakala-bhrānti-nimitta eva svataḥ (raṅ nyid, P vol. 101, 179, 5. 6) pramāṇa-bhūto yathābhūtārtha-grāhitvān māyopamādvaya-jñānātma-saṃvedano viśuddha-sāṃvṛta-kāraṇa-nirjātaḥ sarva-viparyāsa-prahāṇād urukaruṇā-prajñā-svabhāvaḥ sāṃvṛto jñānālokaḥ samupajāyate pratītyasamutpāda-dharmatayā yathā na punaḥ kalpanā-bījaṃ prādurbhavati. (640.5—14)

それゆえ，そのように，全ての分別は有と無の分別によって遍充されているから，能遍がないときには所遍はありえない。それゆえ，一切法を，真実としては（tattvatas）有と無の執着を離れ，十分な検討がなされない限り良きものであり，カンダリー（芭蕉）の茎の如き，内にも外にも芯を欠くものであると，そのように，一切種智性等の八現観の次第を伴う智慧の眼により，［知者は］確定させる［。その］人には，修習力の完成において，世俗的な知の光（jñānāloka）——或る者たちにとっての美しい宝石等の知の如きものであり，まさに，あらゆる迷乱の相が追放され，自ら正知となっていて，あるがままに対象を把握するゆえに，幻の如き不二知を本性とする知覚であり，清浄な世俗的原因から生じ，あらゆる転倒を断じているからすぐれた慈悲と智慧を本性とするものであって，因縁生という属性を伴って——が生じる。再び分別の種を生ずることがないように。

以上の三例からまず気づくことは，「自己成就」（③ではただ「自ら」）という表現が，いずれも「不二知」への形容詞になっていることである。そして，①で，その不二知が，「一」を自性とし勝義として所取・能取の関係を離れたものであることが述べられている。そして，ハリバドラは，不二知が無因のものであることの不合理を指摘しているのである。裏を返せば，ハリバドラにとっての反論者であるここの唯識派が主張する不二知，自己認識は自己成就のものであり，依存性を欠く無因のものであることがわかる。また②は MAP(169, 10—14)

で無相唯識批判の文脈の中でイーシュヴァラ論者の見解として出されているものである。不二知は，自己成就のものであり，依存性を欠き，実在のもの（sattā）である，と無相唯識派と類似した見解として提出されている。また，③は AAA の末尾に出されている見解である。一切法についての理解は，無自性・空性論者のそれと同じといっていい。そして，その論者に生ずる知覚（saṃvedana）は，自己成就であり，幻の如き不二知なのである。この論者はハリバドラであるが，不二知についての説明は無相唯識派のそれと同じなのである。

以上から，「自己成就のもの」は，無相唯識派またはハリバドラの考える「幻の如き不二知」すなわち自己認識であることが判明する。

以上，MA 第91偈 c 句の解釈を手掛かりに第91偈の cd 句に無相唯識派の見解が示されていること，ならびに無相唯識派の考える不二知の勝義性を一義的対治としているのが，シャーンタラクシタの立場であることが判明した。以前，『中観荘厳論の研究』を出版した段階では（1985年），上記の如き理解に筆者は達していなかったことを申しあげておく。

第三節　カマラシーラ

インドの８～９世紀に存在したと考えられる「瑜伽行中観派」の思想基盤は，外界実在論→唯識説（有相唯識→無相唯識）→空性と次第向上する教相判釈であることは再々述べてきた。その教相判釈が，ジュニャーナガルバ，シャーンタラクシタの文献の中にも見られることは既述した。その教相判釈を『入楞伽経』（X 256―258）に拠って最も詳しく述べているのは，カマラシーラの『修習次第』であろう。

すでに諸学者によってなされていることであるが，『修習次第』3篇の文献研究を終えた今，その成果にもとづき本稿においても『修習次第』に見られる叙述によってそれを確認することにしたい。

まず，『入楞伽経』3偈が引用されるまでの『修習次第』初篇の内容をごく簡潔に紹介する。

大乗の菩薩は真実（bhūta）を求めて修行する者である。その場合，「真実」が次のように定義される。

> 真実とは，事物の本性（vastusvarūpa）であり，諸事物の本性は勝義として不生にほかならない。（一郷［2011：21］）
>
> 真実とはいかなるものか，すなわち，勝義としてすべての存在が，人・法の二我を欠いていることにほかならない。そのうち，人無我は，諸蘊が我・我所を離れている状態のことである。法無我は，同じそれら〔諸蘊〕が幻の如き状態のことである。（一郷［2011：78, 103］）

真実とは，別の言葉で表現すれば，無自性・空性ということに他ならないが，それは教証と理証によって証明されねばならない。それが思所成の慧（cintāmayī-prajñā）である。カマラシーラは，無自性・空性を論証するのに「生」をめぐっては「金剛片の論証」を，「存在」をめぐっては「離一多性論証」を使用しおこなっている。

その「真実」は論証だけでおわってはならないのであって，現証されねばならない。それは修習によってもたらされる修所成の慧の獲得である。その修習には，仏教にとって伝統的な修行方法（yoga）である止（śamatha）・観（vipaśyanā）を導入している。

止と観は次のように定義される。

> 「止とは心一境性である。観とは真理の妙観察である」と『聖宝雲〔経〕』に述べられている。はじめにともかく止を成就すべきである。外界の対象に〔心が〕散乱するのを鎮めたのちに，内的所縁に対して連続して自然に起こってくる喜びと軽安を伴う心に身をおくことが，止といわれる。その止そのものに住するとき，真実を吟味する，それが観である。（一郷［2011：74.13―17］）
>
> そうして，止を成就して観を修習すべきであって，次のように思念すべきである。世尊のお言葉は，すべて，巧みに説かれていて，直接的あるいは間接的に真実を顕示するものであり，真実に向かうものである。真実を知ると光明が生ずるから闇が晴れるように〔悪〕見の網をすべて離れることになる。止だけでは知が清浄にならず，障礙の闇も晴れないが，智慧によって真実を修習するならば，知が清浄になる。智慧によってこそ真実を理解することになり，智慧によってこそ障礙が完全に除去されるのである。それゆえ，私は，止に身をおいて智慧によって真実を求めるべきであって，止だけで十分であると把握すべきではない，と思念する。（一郷［2011：78.3―9］）

止とは，真実の対象（如来の姿・十二分教・五蘊・十八界・一切法・十八空）に向けて心を安定させること（cittasthirīkaraṇa），「心一境性」である。その「止」については，心を安定させる方法（九種心住），三昧中におこる「六過失」，それへの対処策としての「八断行」をもって解説される。しかし，「止」だけでは不十分で，煩悩の断滅に至らない（一郷［2011：34.18］）。そこで，智慧による修習（観 vipaśyanā）が要請される。

それら止・観の修習によって，真実・空性が現証されるとき，その成果として，「鮮明な知の光」(sphuṭatarajñānāloka) の発生が語られる (一郷 [2011：28, 34, 38])。この「知の光」(jñānāloka) をめぐっての理解の相違が，無相唯識派と中観派との相違となることは，以下の『入楞伽経』の解説で明らかになるであろう。

「観」の修習により修所成の慧の獲得があるわけであるが，その解説の中で，外境批判→唯心の超克→空性への悟入という，いわゆる唯識観行がみられ，空の立場への向上，到達する教相判釈が示されている。すなわち，カマラシーラにとって，「観」の修習は，唯識思想 (有形象唯識→無形象唯識) を超克し，中観思想へ導くためのものであった。御牧［1982a］がすでに指摘しているように，次の如き次第を明らかにするものであった。

・唯心の立場に立って外界対象を分別しない。

・真如に住して唯心を超える

　—能・所無顕現の知・不二知 (有形象唯識派) をも超える。(X—257a)

　—不二知を実在視する執着 (無形象唯識派) をも超える。(X—257b)

・不二知すら無顕現という知 (中観派) に住する。(X—257c)

この三偈は，MAV，MAP にも引用，使用されているが，内容的にも分量的にも BhK I における解説がすぐれていると思えるので，以下に紹介することにする。BhK I では，智慧による修習の次第を語るものとして三偈が使用されているのである。文献的には MA，MAV (三偈の引用はあるものの) では思所成の慧の獲得の解説，換言すれば一切法無自性の論証に終始し，修所成の慧の獲得の解説はカマラシーラの『修習次第』の著作まで待たねばならなかったと言えよう。

> 唯心を了解して外界対象を分別すべきでない。真如という対象に住して唯心を超えるべきである。（LA X—256）
> 唯心を超えたのちに，〔所取能取二つの〕無顕現〔という知〕を超えるべきである。〔不二知すら〕無顕現〔という知〕に住するヨーガ行者は大乗を見る。（LA X—257）
> 〔ヨーガ行者の境涯（avasthā）は〕無功用なる境地（gati）であり，寂静であり，諸誓願によって浄化されている。〔ヨーガ行者は〕最高の知を無我であると〔不二知すら〕無顕現〔という知〕によって見ている。（LA X—258）

これ〔ら三偈〕について，意味は以下の如くである。

最初に，ヨーガ行者は，反論者たちが外界対象として妄想している有色なる諸存在（rūpiṇo dharmā）について，まず考察すべきである。〔すなわち〕それら〔有色の諸存在〕は(a)識とは別なものなのか，あるいは(b)識そのものであって，夢の中の〔諸存在の〕如くにそれ（識であり有色の諸存在）は顕現しているのか，と。

そのうち，

(a, b) 外境否定・唯心（有相唯識）：識と異なる外界の〔有色の諸存在を〕極微大に至るまで考察すべきである。そして諸極微を部分大に妙観察している（pratyavekṣamāṇa）ヨーガ行者は，それら対象を認め（samanupaśyati）ない。〔外界対象を〕認めないかれには，次のような考えが生ずる。「これら一切は唯心にほかならない。

さらに，外界の対象は存在しない」〔と〕。それゆえ，以上のことから，唯心を了解して外界対象を分別すべきでない（LA X—256ab）。有色なる〔諸〕存在に対する分別を放棄せよ，という意味である。それらは認識されるための条件をそなえているにも関わらず，認識されないのだから（anupalabdheḥ）という点から，考察すべきである。

以上のように諸々の形ある存在を伏滅した後に（vibhāvya），無色な〔る諸存在〕（arūpin）を〔も〕伏滅すべきである（vibhāvayet）。

(c)　**その唯心を超える**（無相唯識）：その場合，唯心も，認識対象（grāhya，所取）がないときには，認識主体（grāhaka，能取）としては不合理である。認識主体は認識対象に依存するものだからである。それゆえ，心は，認識対象と認識主体とを離れたものであって，心は不二にほかならない，と考察すべきである。〔すなわち〕不二を相とする真如という対象に住して，その唯心をも超えるべきである（LA X—256cd）。認識主体という形象を超えるべし，〔所取能取の〕二つの無顕現，すなわち「不二知」にこそ住すべし，という意味である。

(d)　**不二知すら無顕現の知**（中観）：そのように，唯心を超えたのちに（LA X—257a），その二つの無顕現（LA X—257b），すなわち知であるそれをも超えるべきである（LA X—257b）。自からも他からも，諸存在の生起は不合理であるし，所取能取とが虚偽性（alīkatva）であるなら，それ（虚偽なるもの）と異ならないから，それ（無顕現知）も真実（satyatva）とは適合しない，と考察すべきである。

その不二知に対しても，実在視する執着を捨てるべし，「不二知」の無顕現という知に（LA X—257c）こそ立つべし，という意味である。

そのようなときに，一切法無自性性に対する確信（pratipatti）に住したことになる。そこに住した者は，最高の真実（paramatattva）に入るから，無分別三昧に入定する。また，「不二知すら無顕現」という知に住する（LA X—257c）とき，ヨーガ行者は，最高の真実に住しているから，大乗を見る（LA X—257d）。（BhK I 210—211）[12]

…中略…

さらに，〔このヨーガ行者の境涯は〕どうして，無功用にして寂静（LA X—258a）であるのかと〔問うならば，〕ここで〔その〕理由を述べる。〔ヨーガ行者は〕最高の知を，無我であると〔不二知すら〕無顕現〔という知〕によって見る（X—258cd）と。

というのも，不二論者たちには，不二を特相とする知が勝義として最高のものであると認められているが，それも無我，すなわち無自性であると不二〔知〕すら無顕現という知によってヨーガ行者は見ている（X—258cd）からだ。これより他に見られるべきものがないから，無功用（LA X—258a）である。〔そして，〕一切の分別を欠いているから，寂静（LA X—258a）である，ということである。

この境涯における認識主体—ヨーガ行者と凡夫との相違—

さて，こ〔の『入楞伽経』〕において，〔大乗を，あるいは無我を〕見る（LA X—257d, 258cd）と云われているこのヨーガ行者とは，

⑿　一郷［2011：35.5—36.17］.

どのような者なのか，ともし問うならば，〔次のように答えよう〕。勝義としてはアートマン等を持つ自律的な存在であるいかなるヨーガ行者も存在しないし，何者かが“見る”わけでもない。しかし，世俗としては，たとえば，色等の対象の形象を知ることのみによって，ほかならぬ識が存在するように，まったく同様に，世間では「デーヴァダッタがヤジュニャダッタを知でもって見る」と日常的に語られる如くである。だが，アートマン等を有する何らかの存在があるのではない。〔以上の世俗における譬えと〕同様に，こ〔の『入楞伽経』〕においても，不二知すら無顕現という生じつつある，ほかならぬその知が，無顕現という知によって見る（LA X—258cd）とそのように語られているのだ。

というのは，一切法が勝義としては無自性であっても，世俗としては，ヨーガ行者の知，或いは〔それとは〕別の凡夫の知を認めているのだから。次のように『聖二諦説示〔経〕』（*Āryasatya-dvayanirdeśasūtra*）に述べられている通りである。

〔一切は〕勝義として畢竟非存在であるが，〔かれは〕世俗として道（mārga）を修習する。

（BhK I 217—219）[13]

ここに『修習次第』の初篇に見られる『入楞伽経』に依る教相判釈を長々と引用したのは，カマラシーラが，「学説綱要書」に見られる如き，形象真実空論者（有相唯識派）でもないこと，さらには形象虚偽

⒀　一郷［2011：42.13—43.7］.

論（無相唯識派）をも超越し，自らは中観派であったことを確認したかったからである。瑜伽行中観派の論師たちの最大の論敵が無相唯識派であったことは，次のハリバドラの資料から一層明らかにされるであろう。

第四節　ハリバドラ

ハリバドラの立場を理解するにあたっては，まずAAAに展開する唯識説批判を見ることにする。

（1）　有相唯識，無相唯識批判

1．ハリバドラが取り上げる唯識説

ハリバドラは，まず次のように唯識説を紹介する。

知覚によって対象の確定はあるし，また，現に知覚されていないことによっては対象はまったく見えないものであるし，等無間縁によって一定の結果が生ずるのであるし，それ（対象）なくしては分別することはできないから，自ずから成立するものに他ならない不二知（advayaṃ jñānam）は，一を自性としており，勝義としては，所知・能知の関係を離れたものである。〔そして，その不二知は，〕無因なものであれば常に有等がつきまとうし，また，常住性であれば効果的作用等はありえないから，自己の因にもとづき生じたものであり，生ずるや否や消滅するものである。ただ，無始より生存に存在するものへの執着の熏習の成熟によって，そこ（不二知）に，諸形象が顕現するから，存在（bhāva）というのは，

知を本質とするものであると，瑜伽行者たちによって認められている。(AAA 626.7—14)

ここに，唯識説の知と形象の特性が次にように略述されている。

不二知は(1)対象なくして等無間縁によって結果するもの。(2)自己成就のものであり，一を自性とし，勝義として所知・能知の関係を離れている。(3)自己の因にもとづいて発生し，生ずるや否や消滅するもの。

一方，諸形象は，無始爾来の存在への執着の熏習が成熟して，不二知に顕現するもの。

この文章の中に有相唯識説，無相唯識説が紹介されていることはすでに述べた。その不二知に諸形象が顕現する，その形象をめぐって有相・無相唯識説派についての検討，批判が始まる。

その場合でも，それら形象は，真実なものか，あるいは，影像等の如き吟味されない限り認められるものか，という選択肢がある。(AAA 626.15—16)

2．有相唯識説批判

2．1．有相唯識説の要点[14]

（1）　識について

（イ）「一」を自性とする。

（ロ）　その前提が否定され，「多数の同種類の転識が同時に生ずる」とする。アーラヤ識は「一」なる存在。

---

(14)　沖［1982］188，194参照。

（ハ） 多なる識が多なる形象を把握するという構造。

（2） 形象について

（イ） 真実（tāttvika）である。

（ロ） 迷乱の習気の成熟によって生ずる。

（3） 論師について

シャーキャマティ，ダルマキールティが有相唯識の師と考えられていた。

2．2 有相唯識説批判

有相唯識説批判は，諸形象を真実（tāttvika）と主張されることが中心で，「知の一性・諸形象の複数性」の矛盾の指摘に終始していると言ってもいい。次のように展開される。

（1） 知の不二性が否定される。

（2） 上記（1）の批判から免れるため，「同種類の多くの識が異種類の知の如く素早く生ずる」と考える。これに対し，ハリバドラは，極微に対して行ったと同じ議論をこの知に対しても適用する。(15)

真中に位置すると考えられるA知がP点でB知と接しているわけであるが，a）その同じP点でC知とも接するのか，b）P点とは異なるQ点でC知と接するのかという選択肢となる。a）の場合はP点ですべてのものと接することになり青等の集合体としての顕現がなくなる。b）の場合は，A知がP点Q点という部分を有することになり，「一性」が損なわれるという

(15) 沖［1982］200，梶山［2013a］169参照。

誤謬になる。

（３）　知は有形のものではない（amūrtatva）から極微に対すると同じ批判を適用するのは不当である，と有相派はいう。これに対しては次のように批判する。

真実なるものとして顕現する諸形象は空間的拡がりを有する。たとえ知は非空間的なものであるとしても，それの形象との整合性を主張する限り，知も空間的拡がりをもって顕現しているはずである。知が空間的拡がりをもたず，真実（tāttvika）でなく虚偽（alīka）なものであれば，多くの識の生起が無意味なものとなる。

（４）　知（非有形）と所知・形象（有形）とは異種のものであるから，所知・形象に対してなされた批判が知に適用されるのは不合理である，と有相派はいう。これに対しては，「同時に多くの知が素早く生ずる」と有相派が主張する限り，無分別智・直接知と有分別知・分別との相違がなくなってしまう。今，瓶や布として分別されているものが，直接知と同時に発生するものとなり，継時的に発生するものではなくなってしまう。

以上の有相唯識に対する批判をまとめれば次の如くになる。諸形象の真実性が前提であるゆえ，（１）その整合性から知の一性が否定される。（２）その否定を避けるため「多くの同種類の知が素早く発生する」という考えを出す。(i)これも「形象の真実性」との整合性から「知の多性」を語ることになり，知が空間的拡がりをもつという矛盾が生じ，極微批判と同じ論法が適用された。(ii)「同種類の知が同時に発生する」と主張すれば，無分別知と有分別知との時間的相違がなくなる不合理を指摘された。

尚，以上の有相唯識批判は，MA kk.46―49にみられるものであった。AAA には述べられず，MAV に見られる有相批判に，上記(2)に関連して次のことが述べられていた。それは，聖教との対立であるが，その内容をここに再説する。[16]

この有相唯識派の見解は次のような二つの聖教と対立する，とシャーンタラクシタはいう。

（イ）　二心併起を許さない。

（ロ）　一切の有情には識の相続しかない。

これに対し，有相唯識派は，(イ)の聖教は「異熟識に関してそのように言われる」と弁明する。この弁明をカマラシーラは次のように解説する。

「異熟識とはアーラヤ識である。アーラヤ識は，唯一のものであり，多く，同時に生ずるものではないから，したがってこれは，世尊によってアーラヤ識に関して説かれたのであって，転識〔に関して〕ではない，と知られている」。

しかし，シャーンタラクシタ，カマラシーラは，この弁明を次の二点から承認しない。(α)有相唯識派の師とされるダルマキールティの解釈と対立。(β)アーラヤ識は唯一のものではない。

（α）　ダルマキールティは，『プラマーナヴァールティカ』(III 502c-

⒃　一郷［1985（研究編）：45］より。

d—503a-b）で次のように述べる。

それらの〔知識の〕うち，同種類〔の感官知〕について〔「二心併起を許さず」という聖教の効力が〕決定される。なんとなれば，分別知は継時的に生ずるものであるとはっきり知られるからである。

ダルマキールティは，（イ）の聖教は，反論者が解釈するようにアーラヤ識の発生に関して適用されるのではなく，同種類の感官知について適用されることを述べる。ダルマキールティは，異種類の知の同時生起は許すが，同種類の知の同時生起は承認していないわけである。

（β）　有相派の弁明に依れば，（イ）の聖教はアーラヤ識についてのべたものであるという。しかし，アーラヤ識は，身体（五根），受用の対象（五境），処（器世間）として顕現するから「多」である。

次に，有相唯識派の見解がなぜ（ロ）の聖教と対立するとシャーンタラクシタはいうのであろうか。（ロ）の聖教は，「心だけがあることを説くもの[(17)]」「外境の否定を説くもの[(18)]」という注釈の文章からして，有相派の唱える「形象の実有性」の欠陥を指摘するものであろう。形象の実有性を主張するところには，唯識といいながら外界実在論が連想されるからである。

又，この有相唯識派論師がシャーキャマティ（Śākyamati）であることは，岩田［1981］の指摘するところであった[(19)]。

⒄　MAV p. 134, 12
⒅　MAP p. 135, 16
⒆　岩田［1981：156（n. 19, 21）; 162（n. 52）］参照。

3．無相唯識説批判

3．1 無相唯識説の要点[20]

（1） 識について

（イ） 勝義として「一」を自性とし，青等の形象の差異をもたないもの（AAA 629.11）。

（ロ） 多様なもの（citrarūpa）を把握する。

（ハ） 瑪瑙の宝石，清浄な水晶の如きもの。

（ニ） 現に知覚されていない不二知は真実（satya）のもの。（AAA 629.19）。

（2） 形象について

（イ） 吟味されていない限り好ましいもの（avicāraikaramanīya）。

（ロ） 幼児にまで現に知覚されていて，虚偽（alīka）のもの。（AAA 629.17—18）。

（3） 論師について

ダルマキールティがこの派の論師として扱われている。

3．2 無相唯識説批判

無相唯識説批判は，（1） 無相派の多様不二論と，（2） 形象が虚偽であるとされながら形象が知覚されること，との二点に集中する。その際，ハリバドラは無相派との対論形式で議論をすすめ，時には無相派の見解を援用して有相唯識派を批判して自己の立場を明らかにしたり，無相派批判に対しては，有相派の見解を利用して批判し，中観

⒇ 沖［1982］185，193参照。

派の立場を鮮明にしている。

（1）　多様不二論への批判

（イ）　識の多様性の指摘

唯一の識が多様なるものを把握するというが，多様なるものが一ということはない。識は多様なるものとして認識される。

（ロ）「多様性」と「一性」との言語上の矛盾の指摘

多様性と一性とは，相互の自性を否定し，内属するものではないから，矛盾するものとしてある。矛盾しているのにそれが一なるものとすれば，生・滅が同時に存在するようなことになってしまう。

（ハ）　瑪瑙の宝石という喩例は，識の一性を説明するのに適わしくない。一なる瑪瑙に異なる虚偽な形象が多様に顕れるとするのは不合理である。

（ニ）　一なるものが多様なものを把握するというけれども，「一なるもの」と「多様なもの」との違いが直接知によって把握されない。異なる両者が一なるものとして直接知に顕現しているとはいえない。

（ホ）　安危同分の概念で多様不二論を唱えるのは不合理である。

【無相唯識派：多様不二論者】運命（yogakṣema）を異にしない（安危同分）のであるから，〔識は先の顕現が〕多様（citra）であるけれども一（eka）である。

【答論】それは正しくない。(a)相互に反発し合うものであるから，それ（多様なる識）は，一性とは矛盾するからである。(b)また，それ（多様なる識）がそれ（一）と運命を異にしないことは，直接知によっては確認されない。(c)同時に顕現するものが，運命を異にしないというのであれば，本体（svarūpa）と別なるもの（anyatva）も顕現しているから，どうして差異の顕現がないことがあろうか〔，あるはずだ〕。(d)また，もしも，差異〔の顕現〕が把握されないから〔識の〕不二性（advaita）が想定されるというならば，その場合，無差異のものについて，「これはそれとは異ならない」というような形〔での無差異が〕把握されないから，〔識は〕「二」になるとどうして想定されないのか。(e)あるいは，差異と無差異とは別の「単なる事物」（vastumātra）が把握されるのであれば，その場合，どうして，青等の多様なもの（citra）も顕現するのか。(f)もし，「〔識の〕顕現は多様である」と主張するなら，それがまさに世間で「差異の顕現」（bhedapratibhāsa）と呼ばれるのである。だから，どうして〔識のもつ〕差異を否定できようか。

（2） 形象が虚偽であるのにそれが知覚されることへの批判

（イ） 有相批判

a. 諸形象を真実なものとする点—無相派と異なる

a^1 識は清浄な水晶の如き，一なるものであるから，有相派のように青等の形象の差異をもつことはない。

a^2 識は清浄であっても，無始時来の転倒（知）の熏習の成熟によって諸形象は顕現するが，それは，真実なるものでなく虚偽である。

b. 有相派も形象を虚偽とする点

b¹ 極めて明瞭に幼児にまで知られる青等の形象は虚偽である。一方，現に知覚されていない不二知は真実である。有相派ならば虚偽なる形象と対応して不二知も虚偽になってしまう。

b² 有相派が，形象は虚偽であっても幼児にまで明瞭に青等は知覚されているではないか，と問う。これに対し，無相派は次のように答える。形象が虚偽・非存在のものである限り，それは，「現に知覚されているもの」（saṃvidyamānam）とはいえない。「現に知覚されていないもの」が知覚（saṃvedana）されることはないことを論理学を使用して証明している⑵。それは苦において楽等のものが知覚されないことと同じである。従って，青等の形象が知覚されていると言っても，それは識において知覚されていると言えるものではない。

この際，「現に知覚されていないゆえに」という証因が，異品＝「知覚されること」から排除されているかが問題にされる。換言すれば，知覚されないものが現に知覚される可能性を否定する根拠がないではないか，という問いである。これに対しては，今，勝義的にではなく，ただ一般的に青等の諸形象が知覚されないことが立証されているのだから，異品遍無性に違反することはないという。

この問題は，すでにMA k.54でも議論されていたことでもあるが⑵，それをここでも採用しているのである。

b³さらに，この「現に知覚されていないゆえに」という証因が，不確定（anaikāntikatā）の誤謬にもならないことを，二種の知覚を持ち出

⑵ 本書 p. 97参照。

⑵ MA, kk. 54―56 は，MAV 148―153, 一郷［1985（研究編）：150―151］参照。

し，虚偽・非存在のものに対しては「知覚」が成り立たないことを論じている。これも MA kk. 55—56で論じられたことであった。

この場合の二種の知覚とは，①真の意味での知覚（mukhya-saṃvedana）と②比喩的意味での知覚（gauṇa-saṃvedana）である。前者は無感覚でないことを性質としており，それこそが知にとって比類なき，独自な本性である。したがって，そのような本性をもつものは，現に存在しない虚偽な形象には存在しえない。後者は，自己の形象に類似した知を生起させるもののことである。自己の形象が虚偽・非存在といわれるのだから，そこにはあらゆる効力が欠けているゆえ比喩的な意味での，二次的な知を起こすことはない。

（ロ）　無相派批判

有相唯識派は形象を依他起性として有なるものと理解するが，無相派は形象を遍計所執性として無・虚偽なものとする。一方，形象とは別の，現に知覚されていない不二知は真実とする。そこで，問題になるのは，その真実な不二知はいかにして発生するかである。無相派は不二知発生の根拠として，①関係（pratibandha）②無明（avidyā）③迷乱（bhrānti）の三つを考える。これについては後述するが，三つとも真実な不二知を発生させる根拠になりえないことを略述しておく。

①　虚偽なる形象と真実なる不二知という矛盾する両者には同一性の関係も因果性の関係も存在しない。

形象の中に知の本性があれば形象は虚偽ではなく有になるし，逆に知の中に形象の本性があれば知が「非有」のものになってしまう。

又，形象が知から生ずることはない。虚偽で形態のないもの（nīrūpa）である形象には所生性（janya-rūpa）がないから。逆に形象から知が生ずることもない。虚偽なる形象には効果的作用がないからである。

②　無相派は形象は知と同時間に存在すると考えており，その形象が虚偽で無因のものであれば，知との間に依存性がないから，知がどうして偶時性（kadācitkatvam）のものになるかと批判する。MA k. 58に出ている議論である[23]。

(i)　ここで，無相派は無明（avidyā）を持ち出す。すなわち，ハリバドラも世俗としての能知・所知の関係を認めているように，無相派もそれがあるという。そこで，無形象の真実知の中に（nirākāre tāttvike jñāne），それと全く無関係の，虚偽であっても現存する無明が顕れるという。これに対しては，無形象の真実知と無明との間に関係性を見出そうとすれば，因果性の関係であるから，能取・所取の関係は依他起性となり遍計所執でなくなってしまうと批判する。

(ii)　無形象の真実の不二知と無明との間に関係性が認められないとすれば，知覚されてはいない不二知の勝義的有性（pāramārthikā sattā）はどうして得られるのか，と無相派が問うてくる。これに対し，ハリバドラは中観派の立場に立って，その勝義的有性とて因縁生のものであるとする。そして，もしそれを認めないなら，無相派にとって前提となっている形象の虚偽性も否定されるであろうと答える。

③　形象が虚偽であっても，知覚が生ずる根拠として，今度は，迷乱（bhrānti）がもち出される。迷乱は，(i)知の因の状態――誤謬を生ずる習気なのか，(ii)果たる迷乱の知，のいずれかである。これに対しても，

(23)　MAV 154―155, 一郷［1985（研究編）：151―152］参照。

二つのあり方の迷乱と不二知との間の因果関係を吟味し，虚偽なる形象が依他起性になる誤謬を指摘する。

（2） ハリバドラの思想

1．不二知の根拠を「自己成就」とする理由

それでは，無相唯識派はなにゆえ，不二知・自己認識を勝義として「自己成就のもの」とせねばならなかったのであろうか。筆者が第91偈 ab 句は有形象唯識派，cd 句は無形象唯識派をシャーンタラクシタが紹介していると理解する理由である。それは，ハリバドラの無相唯識説批判の文脈から理解できると思う。

無相派の主張する「不二知・自己認識」が無因のものであることに対して批判がよせられる。

無相派は，形象は虚偽なもの（alīka），無なるものと考えるが，非常に明瞭に顕現している形象とは異なる不二知（advaya-jñānam）を真実なもの（satyam）としている（p. 629.18—19）点で有相派との決定的相違を示す。

そこで，真なる不二知の根拠が何であるかが問われる。直前に略述しておいたが，再度無相派との対論を紹介しよう。

1．1 知覚の根拠として関係（pratibandha, saṃbandha）をもち出す。関係といえば同一性か因果性の二種である。しかし，無・虚偽なる形象と真なる不二知との間には二つの関係が存在しないことを次のように述べる。まず同一性の関係があれば，知が有になるか非有になるかという誤謬になる。因果性の関係については，形態のない形象には所生性がありえないからそれが知から生ずるとはいえない。形象は虚偽であ

って効果的作用能力を欠くから知を発生させることもない。

この議論は，MA k. 57と，その自註と細註に見られるものである。(24)

【無相唯識派】関係によって〔諸形象は〕知覚される。

【答論】〔そのように〕も言うべきではない。なんとなれば，諸形象には知の本性はない。〔もしあれば〕知のように有なるものになってしまうゆえに。〔逆に,〕もし形象の本性が知にあると認められるならば，そのときは，形象のように知が非有なるものになってしまう。

また，諸形象は，知から生ずるのではない。形態のないもの（nīrūpa, rang bzhin med）には，所生性はありえないゆえに。諸形象から知〔の発生〕もない。諸形象は虚偽たることによって効果的作用能力を欠くからである。

つまり，同一性と因果性（tadutpatti）の他に関係は存在しない。したがって，

主張：A が B と関係をもたないとき，B は現に知覚されていても，A は決して知覚されることはない。

喩例：たとえば，知自体が現に知覚されているとき，〔無関係の〕石女の子〔が知覚されない〕如し。

結論：同一性と因果性という特徴をもつ二種の関係も，知と〔無であると〕認められる諸形象との間には存在しない。

1．2 次は無明（avidyā）をもち出す。無相派は無形象の真実知（不二知）の中に，無関係のはずの虚偽なる無明が発生するという。これに

---

(24) MA k. 57とその註釈については，MAV 152—153, 一郷［1985（研究編）：151］参照。

対しハリバドラは，無相派が真実知と無明は同時にあると主張するとしても両者には同一性の関係が見出せない，と批判する。両者が異時にあるならば因果性の関係が考えられるが，形象と無明との関係は依他起であるから，形象を遍計所執性と考えている無相派の見解と抵触することになる。

無相派は不二知を無因のものとして勝義的有性・円成実性と考えており，知と形象との依他起性を考えるハリバドラに対し，ハリバドラにとって勝義の有性とは何かが問われる。これについて，ハリバドラは，識も縁によって生ずるから，因縁性という自性とは別の有性はないと答えている。

この議論は MA k. 58と，その自註と細註に見られる[25]。

> それゆえ，御身（無相唯識派）によって知と同時間に存在するものと構想されているこの〔虚偽なる〕形象が無因性のものであるとき，依存性は存在しないのだから，どうして，〔そのような知に〕偶時性（kadācitkatva）があるのかという理由を〔御身は〕ここで説明すべきである。
>
> 【無相唯識派】虚偽であっても御身（ハリバドラ）らにとって世俗としては能知と所知の顕現は考えられるように，同様，我々（無相唯識派）にとっても，無形象の真実知の中に（nirākāre tāttvike jñāne），それ（無形象の真実知）とはまったく無関係の無明（avidyā）は，虚偽であっても現に存在し，世俗としては別異たるもの〔すなわち無形象なる真実知〕の中にも〔虚偽なる無明が〕顕現しているこ

---

(25) MA, k. 58, MAV & MAP 154―155, 一郷［1985（研究編）：151―152］参照。

とになる。

【答論】それ（無相唯識派の見解）も〔いま御身たちに直前に述べたのと〕同じ〔理由で〕否定される。しかし，我々（ハリバドラ）にとって，世俗としては，所知たるものは能知に他ならないという〔同一性の〕関係は承認されているから，〔能知と所知＝知と形象の〕両者が顕現することは矛盾ではない。

【無相唯識派】〔虚偽なものであっても，無明が無形象の真実知の中に顕現するという〕これはけっして誤謬ではないから，有因性が認められる。

【答論】その場合は，所取・能取という形象は，因縁生ものであるから，遍計所執性ではなく，依他起性であることになってしまう。なぜなら，因縁生以外に依他起ということはないからである。

【無相唯識派】たとえそのようであっても，それでは，勝義的有性〔すなわち円成実性〕はどうして得られるのか。

【答論】答える。すなわち，識もまた縁によって生じるから，〔因縁生という〕自性とは別の有性はないと〔我々は答える〕。これゆえ，〔御身らが言う〕勝義的有性は，因縁生と必然的関係にあることは否定しがたい。そのことから，継続的に存在するから同時には知覚されないと結論付けるとしても，〔形象と勝義的有性との因果関係を否定できない以上，御身らが〕承認している形象の虚偽性は否定されるであろう。

【無相唯識派】また，形象が，所説の如き〔勝義的有性から生じた依他起のもの〕であるとも〔無相唯識派は〕認めない。

【答論】その場合は，認識の条件が得られたものとして（upalabdhilakṣaṇaprāptatvena)，〔勝義的有性の〕知が，無形象にほかならない，と常時すべての生類によって知覚される，という〔誤謬に〕陥る。

(AAA 631.3—17)

1.3 無相派は，現に形象が存在しないにもかかわらず，迷乱（bhrānti）のゆえに，知覚が存在する，と知覚の根拠を迷乱に求める。

これに対して次のように答える。まず，「迷乱」を次のように分析する。(1)誤謬を生ずる習気，すなわち，因となる知の状態のことか，(2)果の状態の迷乱した知のことか，と。

(1)の場合，(イ)因である習気と形象とには関係（pratibaddha）がないから習気によって形象が知覚されることはない。(ロ)もし因果性という関係があるとすれば依他起性になってしまい無相派の見解に抵触する。(2)の場合，迷乱した知と形象との関係があるとすれば時間を同じくして存在する両者には同一性の関係があるのであろうが，そうであれば形象は依他起性になり無相派の見解に抵触する。

この議論はMA K. 60と，その自註と細註にみられる[26]。ここではAAAの叙述を紹介しよう。

また〔次のような〕考えもあろう。

【無相唯識派】虚偽（alīka）の形象が現れること，これこそが迷乱の自性である。それゆえ，現に形象が存在しないにも関わらず，迷乱ゆえに〔現に存在しない形象の〕知覚が存在するであろう。

【答論】それも正しくない。なぜならば，「迷乱」という言葉によって名づけられているのは，誤謬を生ずる習気，すなわち因とな

(26) MA, k. 60, MAV & MAP 158—159, 一郷［1985（研究編）：153］参照。

る知の状態なのか，あるいはまた，そのような類の習気を根拠とし，果の形態を取った迷乱した知にほかならないのか，のいずれかである。

そのうち，前者については，その因（習気）と諸形象は関係がないゆえ，それ（習気）によって（tadbalāt），それら（諸形象）が知覚されることはありえない，過剰適用になってしまうゆえに。また，〔因たる習気から諸形象が生ずるという〕因果性を相とする関係があるにちがいないというのも正しくない。前の如く依他起性となってしまうゆえに。

もしまた後者の場合であっても，その場合も，〔迷乱した知そのものに〕諸形象との関係があるならば，同一性を相とする〔関係〕であって，因果性を相とするものではないであろう。それ（知）と同時に現に知覚されているものであるゆえに。また，時間を同じくする二つのものには因果関係はありえないゆえに。それゆえ，迷乱のごとく，〔形象も〕それ（知）と異なるものではないゆえ，依他起性になることはさけられない。以上はつまらぬ議論である。（AAA 631.25―632.8）

以上の如く，無相派は，勝義である不二知の根拠として関係，無明，迷乱という三概念を提出していたが，いずれも，ハリバドラによって中観派的立場から否定されている。従って，無相派にとって勝義的存在である不二知・自己認識は，無因のものとなる。無因であることの表現こそ，「自己成就」ということにほかならないと理解する。唯識派であってみれば，不二知が「対象なくして」生ずることは当然で，カマラシーラは第91偈に対して「対象は全く見えないもの」（*atyanta-parokṣa）と注釈している。[27] そこで筆者は「根拠なくして」とcd句に補った。

以上が，筆者がMA第91偈のab句で有形象唯識説，cd句で無形象唯識説をシャーンタラクシタが紹介していると理解する理由である。

これらの唯識説は，教証とも合致するゆえ「善説である」とシャーンタラクシタは考えている。しかし，唯識説を次のように批判して第92偈を提出するのである。[28]

〔もし，そうであれば，唯心こそは実有のものとして存在するのかといえば〕知力の小さくない人々〔仏，世尊〕，非常に努力する人々〔凡夫，菩薩〕も，その心について一・多の自性という観点から考察するとき，勝義として核心（sāra）を見ないから真実なものであるとは主張しない。（MAV 294.2—4）

2．不見について

ハリバドラは，本編の最終部分で自分にとっての一義的な対治（mukhya-pratipakṣa）が何であるかを明示する。それによって，本編の叙述目標ならびに彼の思想的立場がはっきりする。そのハリバドラの立場が次のように述べられる。

以上のようにして，理証と教証によって，幻の如き不二の心（māyopamādvayacitta）〔の真実〕を理解し，真実と非真実を知ることに立ち向かう考えをもち，不二の幻の如き心を実世俗の本性（tathya-saṃvr̥ti-rūpa）にほかならないと聞・思所成の知によって確定

(27) MAP, MAV 293, 一郷［1985（研究編）：182—183］参照。
(28) MAV 294, 一郷［1985（研究編）：184］参照。

し，〔不二の心を〕因縁生の法性として，一切種智性等の八現観の次第を伴う尊敬と連続と長期という特性をもつ修行によって修行をする，優れた諸師（yogīśāḥ）は，生存する限り付随するあらゆる分別を放棄した，幻の如き不二の唯識（advayavijñānamātra）の相続をもたらす。そ（の相続）こそが，（我々中観派にとって）一義的な対治である。

しかし，〔唯識派の如く〕はじめに「幻の如し」という表現を有する（sābhijalpa）識を設定することは好ましいこと（anuguṇa）ではあるが，（その「識を幻の如し」と言っていることを）一義的な対治と言っているのではない。なんとなれば，外界実在論においては，人無我等の修行すら，事物の本性を心の中に確定してなされているわけではない。事物は無分別知によって了解されるものであり，また，それ（無分別知）ははじめにはありえないから，（なんらかの実）有のもとでは修習が無意味なものになってしまうからである。それゆえ，（かれら唯識派に）おいても，この反論者は，（不二の唯識という）名称だけに結びついた分別の影像に対して真実（tattva）にあるものとして〔心を〕集中し（avadhāna）ここちよく（anukūlya）身をゆだね，事物に執着し満足している。それゆえこの（反論者）における名前の形象を修習することでは，どうして言語表現が昂揚されていることにならないか。（AAA 641.18—642.3）

このハリバドラの立場は，直前には次のように述べられている。

執着は，知と異ならないことを体としているから，それ（知）がないとき，どうして執着に合理性があろうか。それゆえ，同様に，すべての分別は有と無の分別によって遍充されているから，

> 能遍がないときには所遍はありえない。［それ］ゆえ，一切法を，真実としては（tattvatas）有と無の執着を離れ，十分な検討がなされない限り良きものであり，カンダリー（芭蕉）の茎のごとき，内にも外にも芯を欠くものであると，そのように，一切種智性等の八現観の次第を伴う智慧の眼により，［知者は］確定させる［。その］人には，修習力の完成において世俗的な知の光（jñānāloka）——或る者たちにとっての美しい宝石等の智の如きものであり，まさにあらゆる迷乱の相が追放され，自ら（svataḥ）正知となっていて，あるがままに対象を把握するゆえに，幻のごとき不二知を本性とする知覚であり，清浄な世俗的原因から生じ，あらゆる転倒を断じているからすぐれた慈悲と智慧を本性とするものであって，因縁生という属性を伴って——が生じる。再び分別の種を生ずることがないように。（AAA 640.4—14）

ハリバドラは，まず，一切法を「真実として（tattvatas）有と無の執着を離れ，十分な検討がなされない限り良きものであり，カンダリー（芭蕉）の茎の如き，内にも外にも芯を欠くもの」（AAA 640.6—8）と理解しており，正に無自性・空性論者といえよう。

かれに，このような見解が生ずるのは，「一切種智性等の八現観の次第によって生じた智慧の眼（prajña-cakṣus）」によってであるとされる（AAA 640.8—9）。そして，かれには幻の如き不二知を本性とする知覚，慈悲と智慧を本性とする世俗的な知の光が生ずる，と言っている。後の叙述に関連して，ここでの「幻の如き不二知を本性とする知覚」「世俗的な知の光」という表現に注意しておきたい。ともかく，かれには知覚（saṃvedana）があるのであり，上述の如き知が生ずることが解脱と考えられていると言っていいであろう。

ここでハリバドラが「一義的な対治」（mukhyapratipaksa）と言っている「対治」の内容に注意しなければならない。それは，「幻の如き不二の唯識の相続」のことである。この表現は直ちに無相唯識派を連想させるが，ハリバドラの立場でも認められることである。たしかに，ハリバドラは無相唯識論者の見解について，「識を幻の如きものとする」（AAA 641.24—25）点では外界実在論者より好ましいとみなしている。しかし，ハリバドラは，無相派が「識を幻のごとし」と言っている点をとらえて「一義的な対治」と言っているのではない。そうではなく，「幻のごとき不二の唯識」を実世俗の本性と見るか，あくまでも勝義と見做すかの追求こそが「一義的な対治」の内容なのである。

無相派とハリバドラの立場は，一切法空の理解，表現の上では共通したものがあることは事実である。しかし，両者の厳然たる相違がなにであるかといえば，それが「一義的な対治」の内容なのである。

ここに，ハリバドラ自身が「一義的」（mukhya）かそうでないかという表現を使用し，外界実在論→無相唯識論者→ハリバドラという思想上の向上的階梯を示している，と見ることができよう。

この「一義的な対治」に関連し，次にハリバドラの独創的な立場を示していると思える事柄を述べることにする。

ここに見られる「幻の如き不二知を本性とする知覚」「慈悲と智慧を本性とする世俗的な知が生ずる」というその知覚の発生こそが，解脱と考えられている。この解脱観に対し，一方では無明の滅をもって解脱とする考えがあった。ハリバドラの見解では如来の知ですら世俗的なものであり，それは無明を本性としているから，無明の滅＝解脱は生じないのではないか，というのが反論者の見解である。

これに対して，ハリバドラは，次のように自己の立場を示す。すなわち，無明というのは，常住性等，増益された属性を理解（pratīti）することであり，転倒を根拠にしている。一方，知性（vidyātva）は不転倒を根拠にしている。従って，正しくものを理解すること（yathābhūta-padārthāvagama）によって転倒の滅があるから，転倒の滅を根拠とする知性（vidyātva）が発生する。この知性こそが解脱に他ならない。したがって，無明の滅＝知性の発生＝解脱はある，と答える。（AAA 640.18—23）この知性（vidyātva）こそが，先述の「幻の如き不二知を本性とする知覚（saṃvedana）」なのである。その「知性」も「知覚」も「正しくものを理解すること」（AAA p. 640：11，21）から発生する。

ところが，この「正しくものを理解すること」をめぐって，無相唯識派とハリバドラとの見解の相違がはっきりするのである。そこで，「正しくものを理解すること」が具体的に解説される。それは，「何んであれ勝義的なもの」を慧眼によって「見ないということこそが，最高の真実を見ることである」と『法集経』を引用して語られる。

それでは，無相派とハリバドラとの根本的相違はどこにあるのであろうか。

ハリバドラは言う。「何んであれ勝義的なもの（pāramārthika）を，智慧の眼によって，『見ないこと（a-darśanam）こそが，最高の真実を見ることである』と意図されている」（AAA 640.23—24）。

「不見」について，条件を欠いている，思索すること（amansikāra）がないという点では眼を閉じた人，生盲の人にもあてはまるが，そのような人々の「不見」を意図しているのではない，と注意している。

無相派は「幻の如き不二知を本性とする知覚」を「勝義的なもの」とみなしているとハリバドラは見ている。そうであれば，勝義的なものを見ることでは有等の転倒の習気が断ぜられていないから，煩悩障や所知障が生じてくる故，無相派のヨーガ行者は，正に解脱せざるものになる，と批判する。

このように，最高の真実を見ること，すなわち「不見」によって，無我を見ること（nairātmyadarśana）の直視がなされるとき（pratyakṣākṛte sati）煩悩，所知の二障が断ぜられる，とする。

二障という障害物がなくなるのは，因縁生である事物（vastu）に対し実有なるものとしての「生」等の分別を離れるときである。かかる分別を離れるとき，ヨーガ行者の直接知として「知の光」（jñānāloka）が発生する，とする。「知の光」の発生は，無相派も認めることであった。しかし，その「知の光」の相違をめぐって，ハリバドラは，ヨーガ行者と凡夫（bāla）との相違に言及する。しかし，これは，無相派を凡夫・愚者視するきびしい痛烈な批判にみえる。ハリバドラは次のように両者を定義する。

> しかし，ヨーギンたちと凡夫たちとには〔次のように〕相違がある。すなわち，かれら（ヨーギン）は，幻の形象のように，幻について（世間で）よく理解されているものにすぎず非実性であると正しく遍知しているから，諸存在を真実なものとして執着しない。それゆえ，かれらはヨーギンと云われる。一方，その幻を，愚か者の見解の如く，真実なものとして執着し，存在をもそのようなものとして執着する人々は，転倒に執着しているから，愚者たちと云われる。（AAA 641.13—17）

無相派が目ざす究極の知は，再々述べた如く「幻の如き不二知を本性とする知覚」であった。「不二知」への形容詞である「幻の如き」の幻をめぐって，その知を勝義的存在とみなしていると映ったハリバドラは，かれらを凡夫，愚者としたのであった。

以上からして，ハリバドラと無相派の見解の相違は，次のように結論されよう。

一切法の理解については両者に相違があるとは思えない。勝義的存在についての認識に両者の相違がある。無相派が究極的なものとして目指すものは「幻の如き不二知を本性とする知覚」である。一方，ハリバドラは，そのような知覚を勝義的な存在とみなし，そのような勝義的存在を「見ないことこそが最高の真実を見ることである」とした。

ところで，ここの「見ないことこそが最高の真実を見ることである」という文言が，『法集経』に依拠していることは間違いないと思える。ここ AAA での Skt 文は次の如くである。

adarśanam eva paramaṃ tattvadarśanam

『法集経』からの引用として他の文献に見られる内容的に類似した表現の Skt 文，漢訳をあげれば次のごとくである。

ŚS 264: adarśanaṃ bhagavan sarvadharmāṇāṃ darśanaṃ samyagdarśanam

BhK I 212: katamaṃ paramārthadarśanam / sarvadharmāṇām adarśanam

『法集経』（大正17，761，673b21）名為不見世尊是名正見正法

Skt 文で見る限り，「不見」の対象は一切法である。しかし，AAA では「一切法」は表れず，不見の対象は kasyacit pāramārthikasya bhāvasya（AAA 640.23—24）になっている。ここからハリバドラは「一切法」を「何であれ勝義的なもの」に変更していることが判明する。そして，この「勝義的なもの」として無相派の考える究極的な存在としての「幻の如き不二知」を念頭においていることは明らかである。このような解釈を可能にするのは，ハリバドラが次のように“abhipretam”（意図されている）という語を加えていることからである。それが経典の意趣（abhiprāya）であると理解し，自分の見解の正当性を主張したことになる。

kasyacit pāramārthikasya bhāvasya prajñācakṣuṣā adarśanam eva paramaṃ tattvadarśanam abhipretam.（AAA 640.23—24）

その「幻の如き不二知」の発生はハリバドラも認めるところであるが，無相派はそれを真実なるものとして執着するゆえ凡夫・愚者であると批判したのであった。「幻のごとき不二なる唯識（心）」を，「幻の如し」と言っておきながら唯識（心）を「真実」（tattva）と見做すのが無相唯識派であり，文字通り実世俗の自性として「幻の如し」と見做すのがハリバドラであったということになる。

結論的には勝義の世界を有と見るか，勝義の世界をも「幻の如く無自性・空」と見るかに両者の相違があるわけで，それは唯識思想と中観思想との基本的相違に他ならず，ハリバドラは中観派に属する論師であった，ということになる。唯識派は「唯識」を標榜する限り，識の形体が種々に表現されようが，究極的に識の実在を認めざるを得ない。その点が中観派からの批判の要点であり，無自性・空性論者の中観派との相違である。ハリバドラの時代にまで，いわゆる「無と有との対論」が教学上の一大事であったことが知られるのである。

それでは，「不見」ということに真実を見出すハリバドラの立場は，彼のオリジナルなものであったであろうか。

シャーンタラクシタは，MA k. 90のMAVで「勝義として，知覚の対象等は取得されない[29]」ことの教証として「世尊よ，一切法を見ないということが，真実を見ることである」と『法集経』を引用している。

カマラシーラはBhK Iで「勝義を見るとはいかなることか。一切法の不見である」と引用している。「不見が最高の真実を見ること（paramatattvadarśana）[30]」の教証としている。

又，MĀ（D 168b5, P 183b8）では次のように引用している。「一切法を見ないということがすぐれた見である」。「一切法をありのままに見るとはどういうことか，といえば，すなわちこれ（一切法）を見ないことである」の教証として引用されている。

シャーンタラクシタもカマラシーラ，ハリバドラも「不見」ということが，（最高の）真実を見ることであると理解する点では同じである。ところが，シャーンタラクシタ，カマラシーラは「不見」の対象を「一切法」としているのに対し，ハリバドラはそれを「何であれ勝義的なもの」としている点に相違がある。ハリバドラがこのように『法集経』には「一切法」の文言があるにもかかわらず（漢訳では不明）それを削除してまで，不見の対象を「勝義的なもの」に読みかえている点に彼の独創性を見ることができよう。

---

(29) MAV 286—287, 一郷［1985（研究編）: 181—182］参照。
(30) BhK I 212. 2—3, 一郷［2011 : 36—37］参照。

まとめ

1．熊谷氏は氏の博士論文（2008年）で，インドの文献では四人の論師による，またチベットの文献では二十六人の論師による中観派の区分を明らかにされている。再説するが当該の論師は次のように配当されている。

（イ） ジュニャーナガルバ：経行中観派，瑜伽行中観派，世間極成行中観派。

（ロ） シャーンタラクシタ：瑜伽行中観派，形象真実瑜伽行中観派

（ハ） カマラシーラ：形象真実瑜伽行中観派

（ニ） ハリバドラ：瑜伽行中観派，形象真実瑜伽行中観派，形象虚偽瑜伽行中観派

2．ジュニャーナガルバについては，現代の日本人の学者によってより深く検討がなされているが，チベットの伝承同様，その位置づけは確定しないようである[31]。筆者は先述の如く，教相判釈を初めて明示したことを理由に，「瑜伽行中観派」の先駆的存在と理解している。

---

(31) 松本［1978］，赤羽［2004］。本書 p. 24参照。

3．シャーンタラクシタの思想理解をめぐっては,『中観荘厳論』第91偈およびその自註の読解に拠って議論があった。この第91偈を梶山氏はシャーンタラクシタの立場を示すものと理解され，松本氏は，そこに述べられる唯識説は単に方便説としてシャーンタラクシタが提出したものであると理解された。筆者は松本氏と同意見である。

ただ，両氏とも第91偈および自註の内容を，有形象唯識説を語るものと理解された。が，それによって，シャーンタラクシタを形象真実論者と断定することはなかった。筆者は，第91偈 ab 句は有形象唯識説，cd 句は無形象唯識説を提出していると理解した。また，その註の(1)は無形象唯識説についての解説，(2)(3)は，有形象唯識説の解説と理解した点で，両氏と見解を異にする。勿論，筆者も第91偈およびその自註をもってシャーンタラクシタを有形象唯識論者とは考えなかった。また，第91偈の自註が無形象唯識説(cd)の解説を先にし，ab 句の有形象唯識説の解説を後にして順序を変えている点について，一言しておく。既述の如くこれは，シャーンタラクシタにとって，無形象唯識論者こそ最大の対論者であったことからである，とハリバドラの AAA の論述から理解している。

4．カマラシーラの思想については，彼はシャーンタラクシタの哲学をそのまま継承した高弟である。ただ，シャーンタラクシタの思想には，修行面の解説が不十分と感じ，仏教の伝統にある止・観の行法を中核に，その思想を論じた仏教者であった。『入楞伽経』X 章第256—258偈に拠る教相判釈の解説は，瑜伽行中観派の哲学と修行両側面を盛り込んだ完成態といえよう。勿論，瑜伽行中観派の論師であるが，形象真実派ではない。

5．ハリバドラは，シャーンタラクシタとカマラシーラの思想を継承し，特に無形象唯識派をきびしく批判して瑜伽行中観派の最終目標が中観派の空性の世界であることを一段と鮮明にした人物であったといえよう。無相唯識派は不二知，自己認識を幻の如きものといいながら，それの勝義性を譲ることはなかった。その点をきびしく追及し，中観派の立場から不二知・自己認識といえども世俗のものであるとした。梶山氏も（梶山［1982：22］），松本氏も（『インド仏教人物辞典』p.213上），中観派の立場に立つ論師と理解しておられる。筆者も同意見である。そして，本稿を通してハリバドラが無相唯識派を最大の論敵としていたことを，Skt 文で残るハリバドラ自身の著作から確認できたことを最大の欣快とするところである。

6．以上の叙述から，上記四論師についての『学説綱要書』の論述は，かれらを「中観派のスヴァータントリカ（自立派）」「瑜伽行中観派」の論師とする点だけは正しいといえる。しかし，形象真実派あるいは形象虚偽派に配当しているのは正しいとはいえない。

7．ケードゥプ（1385—1438, mkhas grub dGe legs dpal bzang）自身の立場は不明であるが，チベット人の先代の師の説として「如幻理証中観派」（sgyu ma rigs grub pa'i dbu ma pa）にシャーンタラクシタとハリバドラを配当する説を紹介している（熊谷［2008：233］）。「如幻理証中観派」の思想が不明ゆえ，そのチベット語表現だけでは，その配当の当否を決定できない。

また，チャンキャ（lCang skya ll Rol pa'i rdo rje, 1717—1786）が，瑜伽行中観派としてシャーンタラクシタとカマラシーラを配当した上で，その二人を「言説として形象真実の如くに主張する中観派」（slob dpon Zhi ba'tsho dang mkhas pa'i dbang po Ka ma la shi'i la sogs ni tha snyad du nam bden pa lta bur 'dod pa'i dbu ma'o），ハリバドラを「大規範師ハリバドラは，シャーンタラクシタの追随者であるが，〔言説として〕形象虚偽派に等しい〔中観派〕である」と述べるのも（熊谷［2008：248(n. 877), 249(n. 878)］），いかがなものか。シャーンタラクシタもカマラシーラも，唯識説・有形象唯識説は方便としては認めていたゆえ，「～の如くに」と表現されるのかもしれないが，形象の真実性は認めていない。一方，ハリバドラも，形象虚偽派が不二知・自己認識を勝義とする点で根本的に立場を異にするが，世俗における一切法の理解は全く等しいから「～に等しい」と表現されているのであろうか。

インドの文献『真如宝環』（*Tattvaratnāvalī*）の中でアドヴァヤヴァジュラ（Advayavajra, マイトリーパ，10c 末～11c 中葉）が，中観派を「如幻不二論者」（māyopamādvayavādin, sgyu ma ltar gnyis med du smra ba）と「一切法無住論者」とに分類している（熊谷［2008：205］）。**"māyopamādvayavādin"**なる表現の**"advaya"**のあとに**"jñāna**（citta, vijñāna）**"**という単語を欠くし，（宇井エディションにも見えない）その思想は不明であるが，AAA（641.18, 23）に見える**"māyopamādvayacitta, māyopamādvayavijñānamātra"**を唱える論師を容易に連想させる。そうであれば，この論師はハリバドラ乃至無相唯識論者に他ならない。そうであれば，「如幻不二論者」は「形象虚偽派に等しい」中観派としてのハリバドラを意味しているのであろうか。

8．以上の如く，チベットの学説綱要書の記述は，区分，配当される論師たちの思想的立場を一瞥するには非常に有益であるが，インド側文献と照らし合わすならば，必ずしも正しいと判断できるものは多くない。とくに，瑜伽行中観派の論師たちについては，シャーンタラクシタの『中観荘厳論』の本頌，二つの註釈が厳密に読まれていたならば，現代の学者に不確かな理解を与えることにはならなかったと愚考する。インド人仏教学者たちのその思想的立場は，チベット文献資料が参考にはなるものの，やはりインド側文献で確認されていく必要性を一層強く感ずる次第である。

9．ハリバドラがシュッバグプタを無相唯識派系の人物として批判する貴重な文章もあるが，紙幅の制約から割愛せざるを得なかった。

最後に，本講録作成にあたり，多大な援助をいただいた，小澤千晶，安間剛志，松下（太田）蕗子，稲葉維摩の諸氏に深く感謝の意を表するところである。諸氏のご助力がなければ本講録は作成できなかったといっても過言ではない。また，病床からつねにお電話で激励下さった幡谷明先生にもこの場を借りて甚深の謝意を表したい。

資　　料

和訳『八千頌般若経解説・現観荘厳の光』

第16章「ものの真相」中

「一切の存在は一・多の自性を欠くから無自性である」翻訳

W 本：624.5―641.5
V 本：457.32―468.23
D：227b2―240b1
P：279b6―293b2

『八千頌般若経解説・現観荘厳の光』シノプシス

The Synopsis of *Abhisamayālaṃkārālokā Prajñāpāramitāvyākhyā*

							MA 対応箇所	MA, MAV, MAP, BhK 関連箇所
主題							MA, k. 1.	MAV 22-25.
I.						証因は不成（asiddha）ではない	MA, kk. 2-62.	MAV 26-191.
						効果的作用をもつものだけが検討の対象	MA, k. 8.	MAV 38-41.
	1					所知の検討：極微論批判	MA, kk. 11-13.	MAV 50-59.
		1.1				ヴァイシェーシカの極微論		
		1.2				説一切有部の極微論		
		1.3				経量部の極微論		
		1.4				外界実在論		
	2					能知の検討：唯識説批判	MA, kk. 44-62.	MAV 120-191.
		2.1				唯識説紹介	MA, k. 44.	MAV 120-123.
		2.2				形象の吟味	MA, k. 45.	MAV 124-126.
		2.3				有相唯識説批判	MA, kk. 46-49.	MAV 128-140.
			2.3.1			能知の一性について	MA, kk. 46-47.	MAP 128-131, cf. MA kk. 22-23, MAV 80-83.
			2.3.2			能知の多性について－同種の多くの識が異種類の知の如く素早く生ずる説への批判－		MAV 132-135(ad. MA, k. 49)
			2.3.3			識に対して極微論批判の適用	MA, k. 49.	MAV 136-141.
			2.3.4			識に対して所知・形象批判の適用		
		2.4				無相唯識説批判	MA, kk. 50-60.	MAV 140-165.
			2.4.1			無相唯識説	MA, k. 50cd.	MAV 142-145.
			2.4.2			多様不二論への批判		
				(i)		識の多性の指摘	MA, k. 50cd.	MAV 142-145.
				(ii)		多様性と一性との矛盾	MA, k.51.	MAV 144-145.
				(iii)		比喩「瑪瑙の宝石」の不合理		MAV 144-145.
				(iv)		「一にして多様なもの」は直接知に顕現しない		
				(v)		安危同分に基づく多様不二論批判		
			2.4.3			形象が虚偽であるのに知覚があることへの批判	MA, kk. 52-60.	MAV 146-159.
				(i)		有相唯識説による無相唯識説批判		
					(a)	諸形象を真実なもの（satya-rūpa）とする点	MA, k. 52.	MAV 146-147.
					(a^1)	無相唯識派の知は青等の形象の差異（bheda）を有さない		Cf. MA, k. 59c, MAV 154-157.
					(a^2)	諸形象は転倒知の成熟によって発生するから虚偽		
					(b)	諸形象を虚偽とする点		MAV & MAP 146-147(ad. k. 52).
					(b^1)	知覚されている青等の継承は虚偽 知覚されていない不二知は真実		MAP, MAV 147 (ad. k. 53).
					(b^2)	識の中に青等の形象は知覚されない	MA, k. 54.	MAV 148-149.
					(b^3)	虚偽なものには，真の意味での知覚も，比喩的な意味での知覚もありえない	MA, kk. 55-56.	MAV 148-151.

				(ii)		不二知の根拠について		
					(a)	関係	MA, k. 57.	MAV 152-153.
					(b)	無明	MA, k. 58.	MAV 154-155.
					(c)	迷乱	MA, k. 60.	MAV 158-159.
				(iii)		知の相続について		
				(iv)		シュッバグプタ批判		MAV 162-165(ad. MA, k. 60). Cf. MA, k. 19, MAV 74-77.
II.	猶予不成の誤謬の否定							MAV 166-171(ad. MA, k. 60).
III.	1	同品定有性の確定					MA, k. 62.	MAV 188-191.
	2	限定詞「勝義として」について					MA, k. 70.	MAV 230-235.
IV.	ハリバドラの立場							
	1	空性と愚者					MA, kk. 73-74.	MAV 244-249.
	2	無自性性の証明					MA, kk. 76-78.	MAV 252-257. Cf. MA, kk. 64-66, MAV 208-219; MA, k. 72, MAV. 234-245.
	3	分別・執着・無明の否定＝解脱						
	4	不見こそ最高の真実						Cf. MAV 286-287 (ad. MA, k. 90), BhK I 212. .
		4.1	ヨーギンと凡夫たちとの相違					Cf. MA k. 75, MAV 248-251.
		4.2	不二の心の勝義性こそが一義的な対治					Cf. MA kk. 91-93, MAV 290-305; BhK I, 210-213.

凡　例

- 梵文 AAA の校訂テキストとしては，荻原雲来によるものと（W 本）と Vaidya によるもの（V 本）とがある。
- 底本には W 本を用いた。
- V 本を参照し，W 本を修正した場合は注記している。
- チベット訳の底本はデルゲ版を用いた。

- AAA 中の文言が他の文献，とくに MA，MAV，MAP の中に多く見られるが，その当該個所の構成はシノプシスにして別に提示した。
- 和訳中の見出し等はそれに依る。
- AAA 当該個所の指摘は煩雑になるため，その注記は最小限度に留めた。各々の対応箇所はシノプシスと一郷［1985］にて確認されたい。

- 和訳の〔 〕は訳の補いを意味し，（ ）は同義語もしくは言語の提示を示す。
- チベット語訳から原語を想定した場合は左肩に Asterisk（*）を付した。

主題：一切の存在は一・多の自性を欠くから無自性である[1]

主張：一・多の自性が存在しないものには，勝義として自性は存在しない。

喩例：[V 458] たとえば，幻等の形態（rūpa）に〔自性が〕ないように。

結論：自・他〔学派〕の語る諸存在は，一・多の自性をもつものではない。

以上は，能遍の非認識による〔推論式である〕。如来は幻に等しい，という意味である。

I. 証因は不成（asiddha）ではない
効果的作用をもつものだけが検討の対象

この証因は不成（asiddha）ではない。なぜならば，智者たちの行動は目的を有することによって遍充されているから，効果的作用に合致したものである対象が[2]，検討されるべきであるから。さもないと，効果的作用を追求する人々には，非存在を内容とするものを検討することにいかなる必要性があるのか，といわれるから，効果的作用を持つ

(1) MA, k. 1, MAV & MAP 22—25, 一郷［1985（研究編）：119—120］参照。

(2) W: paramārthayogyapadārthaviṣayo, V: arthakriyāyogyapadārthaviṣayo, T: don dam par nus pa'i dngos po'i. V に従う。

存在が〔検討の対象として〕認められるべきである。[3] そして，それ（効果的作用をもつ存在）は，相互に排除しあう性質のものであるから，所知か能知かという選択肢がある。

1．所知の検討：極微論批判[4]

そのうち，もし前者（所知）の場合は，①相互に結びついた性質のものか，②多くの同種類の極微が互いの力によって保持されていて，きちんと触れ合っておらず，間隙を有した極微によって囲まれているものか，③あるいは，間隙なく〔極微によって囲まれているもの〕かという三つの見解がある。

1．1 第一の見解：ヴァイシェーシカの極微論

そのうち，第一の見解について，(a)もしAが一箇所でBと結合しているならば，その場合，部分を有すという結果になるから，一性（ekatva）が否定されることになる。〔一つの極微が〕複数（aparāpara）の部分（svabhāva）を持って他の極微と触れ合うことになるからである。

(b)丸ごと結合するという見解でも，東側の極微が西側の極微と丸ごと結合するならば，その場合，西側〔の極微〕も東側〔の極微〕と〔丸ごと結合することになる〕から，したがって，結合は，両者のものに依存したものであるから，互いの部分に入りこむことになるから，いかなる極微にも一性ということがなくなってしまう。すなわち，東の極微が西〔の極微〕と丸ごと結合しているというならば，〔東の極

---

(3) MA, k. 8, MAV & MAP 38—41, 一郷［1985（研究編）：123—124］参照。
(4) MA, kk. 11—13, MAV & MAP 50—59, 一郷［1985（研究編）：126—128］参照。

微は〕自らの自性を放棄して，完全に西側〔の極微〕のものになってしまうから，現に結合されているその〔東側の極微〕は存在しないものになってしまう。同様に，西側〔の極微〕も東側〔の極微〕と結合しているから，〔西側の極微は〕自らの自性を捨てて完全に東側〔の極微〕そのものになってしまうから，結合の元（西側の極微）がないことになる。それゆえ，一方が，一度に互いに否定しあって確定する（sthita）という性格のあり方を否定することはできないので，どうして，一性がありえようか〔，ありえない〕。

1．2　第二の見解：説一切有部の極微論

第二の〔極微を〕囲んでいる見解についても，(a)たとえ同種〔の極微〕との接触（saṃsparśa）は認められないとしても，そうであっても［W 625］間隙は明や暗を性質としているものであるから，異種類の明や暗の諸極微と〔の接触〕はかならず予想される。なんとなれば，明と結びついていない〔間隙〕が暗を離れた状態であること，あるいは，暗と共生していない〔間隙〕が明を離れた状態であることは不合理である。その二つ（明と暗）は，相互に離れた空間等だけに結びついて現れているものであるからである。〔さもなくば〕さらにそのようにして，間隙ないことを説く誤謬になってしまう。

(b)異種類の〔極微〕との接触も考えられないとすれば，その場合，中央に位置する極微であって，その一部で一つの極微と向き合っている状態にある〔中央の極微〕は，(b1)その同じ〔部分〕で他の極微と向き合っているのか，あるいは，(b2)別の〔部分〕で〔他の極微と向かい合ってる〕のかという二つの選択肢がある。

そのうち，もし最初の立場(b1)の場合は，

主張：同じ部分（ekarūpa）で〔他の〕極微と向かい合うことを自性とする〔極微〕は，一方分（ekadeśa）のものである。

喩例：たとえば，ほかならぬその〔真中の〕極微に，東側に位置する〔他の〕極微があるがごとくである。

結論：したがって，とり囲んでいるすべての極微は一つの極微に〔一箇所で〕向かい合うことを自性とする。

以上は自性因（svabhāvahetu）〔による推論式である〕。その自性〔因〕によってこそ〔推論式がある〕と認められるから，不成性（asiddhatā）はない。また，同品に〔証因が〕存在するから矛盾性はない。

一方，〔反論者が，真中の極微の〕別の部分（deśa）に〔第三の極微が〕位置する〔という〕場合には，〔反論者が〕望む〔同じ部分で〕一つの極微に向かい合うという〔一方分性という〕自性ではなくなってしまう。その〔真中の〕極微には複数の（aparāpara）部分（svabhāva）は存在しないからである。そして，〔真中に位置する極微の〕存在しない部分によって〔取り囲む他の諸極微と〕向かい合う，ということは不合理だからである。ゆえに，証因に不定性（anaikāntikatā）はない。それゆえ，〔取り囲む諸極微が真中の極微を〕とり囲んで位置することがないのだから，取り囲んでいる諸極微が一方性のものとなってしまう。

〔したがって，〕真実として集積（＝真中の極微を取り囲むこと）がないとき，それによって成立させられる〔間隙を有した諸極微によって囲まれている真中の極微というものには〕効果的作用が全く欠けるから，その〔真中の〕極微が一性であると認めることは不合理である。

(b2) 第二の〔別の部分で他の極微と向かい合っているという〕立場の場合には，〔真中の極微が〕複数の部分で複数の極微と向かい合うことによってさらに一段と有分性の状態となるので，諸極微は一性を欠いている。事物の相違は部分の相違に特徴づけられているゆえに。

1．3 第三の見解：経量部の極微論

一方，第三の，間隙なく〔極微によって囲まれているという〕見解は，〔相互に〕結合している見解とまったく同じになる。それ（結合していること）とシノニムであるゆえに。というのは，真中に位置しない〔諸極微〕は，相互の結びつきを離れて別の状態になることはないからである。また，〔第一の見解でいう“saṃyoga”と第三の見解でいう“saṃśleṣa”は〕別な言葉で表現されているが，その同じものが別なあり方で存在することはない。〔そんなことがあれば〕過剰適用になってしまうからである。

もし，〔真中の〕極微は，結びつくものではないけれども，方角という語で語られ，より［V 459］近接している場所に位置する多くの諸極微によって囲まれているものである，と考えられるというならば，それは正しくない。なぜならば，こちら・あちらという地点（bhāga）がないとき，〔こちら・あちらと地点を示す〕この言葉が有意味に確定することはないからである。

> それ(A)とは別なもの(B)に依存することによって，別なもの(B)に本性があると確定される，その〔B の本性〕は，そこには，真実としては，非存在である。此岸と彼岸等の相違のごとし。

という論理(5)によって，〔極微の〕有分性は，実義としては存在しない，

と〔中観派が〕いうならば，

1．4 外界実在論

そんなことはない〔つまり，有分性はある，と外境論者たちはいう〕。

外境論者たちにとって，此岸と彼岸には，依存関係の区別に混同はないから，父と子等の如く実在的な本性（rūpa）があると認められるべきである。というのは，〔A（此）に〕依存することによってB（彼）があるが，決してその彼(B)に依存することでA（此）があるのではないからである。そうではなく彼と此が勝義的なものでないならば，どうして，彼・此という名称をもつ〔両側の〕岸に立つ二人の人が混乱なく〔その両側の岸に〕存在するのだろうか。すなわち，「彼」と考えられているものとは別なものこそが，語られようとする「此」の「此性」といわれる。〔もし中観派が言うように〕その〔「此」が〕分別されたものであるとき，〔此・彼の〕二つは同一のものになってしまう。又，同様に，それに依存しているものにとって，混乱なく存在することがなくなってしまう。というのは，分別によって作られた区別は，効果的作用の一部ではないからである[(6)]。〔以上が，反論者の所知についての見解である。〕

---

(5) W: nyayān, V: nyāyān, Vが正しい。
(6) Tib. に従うなら，「一部である」となる。

2．能知の検討：唯識説批判

2．1 唯識説紹介(7)

〔唯識派の見解は次の如くである〕

知覚によって対象の確定はあるし，また，現に知覚されていないことによっては対象はまったく見えないものであるし，等無間縁によって一定の結果が生ずるのであるし，それ（対象）なくしては分別することはできないから，自ずから成立するもの（自己成就）に他ならない不二知（advayaṃ jñānam）は，一を自性としており，勝義としては，所知・能知の関係を離れたものである。〔そして，その不二知は，〕無因のものであれば常に有等がつきまとうし，また，常住性であれば効果的作用等はありえないから，自己の因にもとづき生じたものであり，生ずるや否や消滅するものである。ただ，無始より生存に存在するものへの執着の熏習の成熟によって，そこ（不二知）に，諸形象が顕現するから，存在（bhāva）というのは，知を本質とするものであると，瑜伽行者たちによって認められている。

2．2 形象の吟味(8)

その場合でも，それら形象は，真実なものか，あるいは，影像等の如き吟味されない限り認められるものか，という選択肢がある。

---

(7) MA, k. 44, MAV & MAP 120—123, 一郷［1985（研究編）：143—144］参照。
(8) MA, k. 45, MAV & MAP 124—128, 一郷［1985（研究編）：144—145］参照。

2．3　有相唯識説批判

2．3．1　能知の一性について[9]

もし前者（形象が真実なもの）の場合は，真実の多くの形象と異ならないから，形象の自体の如く，識は多性のもの[10]となるから，どうして一性であろうか。あるいはまた，〔識と形象が〕同時に知覚経験されるものであるから，識の一性は確定しているとするならば，その場合，一つの知と異ならないから，諸形象が，識の自体の如く，一性であることは避けられない。

【有相唯識派】　それは当然そのはずである。

【答論】　もし〔有相唯識派がそのように〕いうならば，そのようなことはない。なんとなれば，もし一つの形象が，動揺性等で特色づけられて顕現するならば，その場合，餘の諸形象も，東側の形象と異なるものとされず塊を自性とするものであるから，同種のものにほかならないから，多様な形象の知覚経験は矛盾している。それゆえ，諸形象はかならず多性であるから，一性と多性は，相互に対立する性質の設定に繋がるから，形象と識とが勝義的に多性であると決定される〔ということ〕から，〔御身によって〕承認されている（識と形象の）不二の論理は［W 627］否定される。

---

(9)　MA, kk. 46—47, MAV & MAP 128—131, 一郷［1985（研究編）: 145—146］参照。Cf. MA kk. 22—23, MAV & MAP 80—83, 一郷［1985（研究編）: 133—134］。

(10)　W: anekaitvaṃ, V: anekatvaṃ. V に従う。

2．3．2 能知の多性について

—同種の多くの識が異種類の知の如く素早く生ずる説への批判[11]—

【有相唯識派】 もし楽等の如く，青等の諸形象は，知覚経験を本体とするものにほかならないということから，一つのものに多様性は認められないから，所説の如き誤謬にはならないと考えて，同種類であっても多くの識は，異種類の知の如く[12]，素早く生ずると説明される。

【答論】〔そのように説明する〕ならば，その場合，他にも次のような誤謬がある。すなわち，真中にあると考えられるその識は，囲まれた極微と似ていると認められ，その識は，自己の一部で一つの〔識〕に向かい合っていると理解されるが，(a)その同じ〔部分〕で他の〔識とも向かい合っているの〕か，あるいは，(b)別の部分で〔向かい合っているのか〕という選択肢がある。

(a)その同じ部分で〔向き合っている〕という見解では，囲んで位置することがないから，諸対象と同じように，餘の〔諸識が〕別の部処に位置することはありえない。したがって，東・西等の方角の地点がありえないから，青等の群体（maṇḍala）の集合の顕現はないであろう。

(b)一方，別の部分で〔向き合う〕という見解では，事物の相違は部分の相違に特徴づけられているから，どうして一性ということがあろうか，と極微についての吟味に存在したのと同じ誤謬が発生する。

---

(11) MAV & MAP 132—135(ad. MV, k. 49), 一郷［1985（研究編）：146—147］参照。

(12) Cf. MA, k. 26, MAV & MAP 88—89, 一郷［1985（研究編）：135］。

2.3.3 識に対して極微論批判の適用[13]

【有相唯識派】 諸知[14]は有形のものではないから，空間的にある東・西ということは存在しないであろう。そうであれば，どうして，極微のように，諸知が真中に存在するということがありえようか。

【答論】 それはその通りである。〔が,〕これについては次のような他の誤謬があるはずだ。すなわち，空間的拡がりをもって顕現する諸形象は真実在であると［V 460］主張する人は，非空間的なものであっても，真実の多くの諸知は，同じような空間的拡がりをもって生ずる，と考えている。そうでなければ，実に，もし，多くの識の生起を考えている場合にも，同じような空間的拡がりをもって生ずる顕現が，虚偽（mithyā）のものになれば，その場合，多くの識の生起を考えること自体が，無意味なものになってしまうであろう。そして，空間的拡がりをもって存在する青等の顕現以外に，真実であるはずの青等は知覚されない。それが虚偽であれば，他の何が真実であろうか。それはとるに足らぬ議論である。

【有相唯識派】 そうはいっても，諸極微は有形のものであるが，一方識は形なきものである。それなのに，どうしてこの場合，誤謬は同じであるのか。

【答論】 もし〔そのように〕問うならば，そのような誤謬ではない。なんとなれば，間隙をおかずに顕現している青等は，或る人によっては極微を本性とするものであると理解されており，他の人によっては知覚（saṃvid）を本体とするものであると〔理解されていて〕，ただ名

⒀ MA, k. 49, MAV & MAP 136—141, 一郷［1985（研究編）: 147—148］参照。

⒁ W: jñānān, V: jñānānāṃ. V に従う。

前のみが区別されているにすぎない。しかし，空間的に間隙をおかずに存在することを特色とする事象（artha）という点では相違はない。従って，単に名前を適用するという仕方で，同じような誤謬が形成されているのではなく，空間的に間隙をおかずに存在することによって〔誤謬が〕なされているのである。それ（顕現）は，単に名前が違っている場合でも，存在するから，どうして，同じような誤謬にならないことがあろうか〔，なるはずだ〕。

2．3．4 識に対して所知・形象批判の適用

【有相唯識派】 たとえそうであっても，知と所知は異種のものであるから［W 628］，所知に関する論難が知に関してあるとは認められない。(15)

【答論】 その場合も，〔次のように〕答える。同時に多くの知が生ずるとするならば，瓶や布などを対象として現に結果している分別は継時的存在ではなくなってしまう。そして，「諸無分別知が〔有分別知と〕同時に〔生じる〕」と言うことはできない。その知覚経験の確定によって諸分別は生ずるからである。

そういうわけで，まさしく，これら諸分別は，自ら知覚されたものではないことを本性として生ずるということから，素早い知覚経験の決定に追従するものであるから，継時的存在の分別は，現に知覚経験されているものではないのである。したがって直接知と対立するものである。

---

(15) W.V: jñānenânumanyata → jñāne nânumanyate に tib. 訳により訂正。

2.4 無相唯識説批判

2.4.1 無相唯識説[16]

さて,〔無相唯識派には,次のような〕見解があろう。

【無相唯識派】 識(vijñāna)は,唯一のものであって,多様なるものを把握する性質のものである。瑪瑙の宝石の顕現の如し。

2.4.2 多様不二論への批判説

(i)識の多性の指摘[17]

【答論】 それは正しくない。なぜならば,多様なるものが一ということはない。たとえば,種々な相続に存在する知の如し。したがって(ca),この識は多様なるものである。以上は矛盾の認識〔にもとづく推論式〕である。〔識は〕多様なものとして認識されるから証因は不成ではない。同品にも存在するから矛盾〔の誤謬〕もない。

(ii)多様性と一性との矛盾[18]

【無相唯識派】 さらに,「多様であることが一であることを退ける」ような矛盾が,多様性と一性との間にいかにしてあるのか。

【答論】 次のように答える。なんとなれば,「多様」という言葉で表現されるのは「種々性」という自性以外にはないから。また,種々性と一性とは,相互の自性を否定しあうもので内属するものではないから,(また,)矛盾は,互いに否定しあって〔なおかつ〕存続するとい

---

(16) MA, k. 50cd, MAV & MAP 142—145, 一郷［1985(研究編):148—149］参照。
(17) 同上。
(18) MA, k. 51, MAV & MAP 144—145, 一郷［1985(研究編):148—149］参照。

う特色を有するから，矛盾ということが成り立つ。二つの矛盾したものでありながらも，一つの自性であるならば，完全にすべてが一つの実体になってしまう。さらに，そのことから，生滅等が同時に存在することになってしまうことを否定できない。そうでなければ，「一」というのはまったく名称にすぎないものになってしまう。しかし，〔いまここでは〕名称に関する論争をしているわけではないから，したがって証因が不定性（anaikāntikatā）にはならない。

(iii)比喩「瑪瑙の宝石」の不合理(19)

「瑪瑙の宝石の顕現〔の如し〕」という喩例は，ともあれ，成立するともいうべきではない。それについても，一という性質（ekarūpatva）が種々性（nānārūpatva）によって遍充されることはないから，〔この喩例でいう一なる瑪瑙の中に〕種々性が現れている等の不合理には，〔矛盾に関してと〕同じような批判がつきまとうことになるからである。

(iv)「多様にして一なるもの」は直接知に顕現しない

〔次のような反論が〕あろう。

【無相唯識派】 現に顕現している青等と，空間的時間的に離れて存在するものとの違いは，直接知によっては理解されない。〔現に顕現しているものと，時空間の離れたものという〕二つは，〔同時には〕顕現していないのだから，彼と此（青と時空間の離れたもの）とが違うもの

---

(19) MAV & MAP 144—145, 一郷［1985（研究編）: 148—149］参照。

であるとは把握されないからである。

【答論】〔しかし〕空間的・時間的に共に顕現しつつあるものであっても，それとこれが違うという認識はありえない。無分別なる直接知によっては〔そのようには〕把握されないからである。それゆえ，所取能取間，またもろもろの所取のものが，互いに違っていることは把握されないから，多様にして不二にほかならないものが，一つのものとして直接知に顕現するという，そのこともまた同じ〔論理〕によって否定された。「一」は「多様性」と矛盾するものであるから。

(v)安危同分に基づく多様不二論批判

【無相唯識派：多様不二論者】［W629］運命（yogakṣema）を異にしない（安危同分）から，〔識のその顕現は〕多様（citra）であるけれども一（eka）である。

【答論】それは正しくない。(a)相互に反発し合うものであるから，それ（多様なる識）は，一性とは矛盾するからである。(b)また，それ（多様なる識）がそれ（一）と運命を異にしないことは，直接知によっては確認されない。(c)同時に顕現するものは，運命を異にしないというのであれば，本体（svarūpa）と別なるもの（anyatva）も顕現しているから，どうして差異の顕現がないことがあろうか〔，あるはずだ〕。(d)また，もしも，差異〔の顕現〕が把握されないから〔識の〕不二性（advaita）が想定されるというならば，その場合，無差異のものについて，「これはそれとは異ならない」というような形〔での無差異が〕把握されないから，〔識は〕「二」になるとどうして想定されないのか。(e)あるいは，差異と無差異とは［V461］別の「単なる事物」（vastumātra）が把握されるのであれば，その場合，どうして，青等の多様なもの（citra）[20]も顕現するのか。(f)もし，「〔識の〕顕現は多様である」と主張するなら，それがまさに世間で「差異の顕現」(bhedapratibhāsa) と呼ばれるのである。だから，どうして〔識のもつ〕差異を否定できようか。

2．4．2 形象が虚偽であるのに知覚があることへの批判

(i)有相唯識説による無相唯識説批判

(a)諸形象を真実なもの（satya-rūpa）とする点[21]

〔無相唯識派：多様不二論者には，次のような〕見解があろう。

【無相唯識派：多様不二論者】 もし〔有相唯識派が〕諸形象が真実なもの（satyarūpa）に他ならないと〔考えている〕すれば，その場合，そういう〔考えは〕すべて〔無相唯識派の考えと〕矛盾する。

(a¹)無相唯識派の知は青等などの形象の差異（bheda）を有さない

〔なぜならば，無相唯識派は次のように主張するからである。すなわち，〕かの識は，「清浄な水晶のようなもの[22]」〔すなわち，一なるもの〕に他ならないものである限り，青等の形象の差異をもたない。

(a²)諸形象は顛倒知の成熟によって発生するから虚偽

それ（識）がそのような〔清浄な〕ものであったとしても，無始爾来の顛倒〔知〕の薫習が熟することによって，諸形象が顕現するのである。あたかも，土塊の破片などにおいて，マントラ等によって眼の

---

(20) nīl'ādeś citrasya ca pratibhāsaḥ の ca は不要
(21) MA, k. 52, MAV & MAP 146—147, 一郷［1985（研究編）：149］参照。
(22) Cf. MA, k. 59c, MAV & MAP 154—157, 一郷［1985（研究編）：152］参照。

くらんだ人に巨象や馬などの顕現が得られているように，と。

(b)諸形象を虚偽とする点[23]

【有相唯識派】 勝義として知が一なるものに他ならないと承認するとき，〔諸形象は〕虚偽であるから〔無相唯識派と〕矛盾はない。なぜなら，汝（無相唯識派）は，〔我々有相唯識派の「諸形象は真実なもの」であるということについての〕誤謬を指摘することによって，諸形象のほかならぬ虚偽性を証明しているからである。そして，それ（形象の虚偽性）は我々が認めるところである。

(b¹)知覚されている青等の継承は虚偽/知覚されていない不二知は真実[24]

【無相唯識派】 それは正しくない。なぜならば，極めて明瞭に，幼児にまで知られている青等の形象のものが知覚経験されるが，それ（青等の形象のもの）は虚偽である。しかし一方，明瞭に顕現する形象とは別の，現に知覚経験されていない不二知（advayajñāna）[25]，それは真実（satya）である，というこれ以上にここに〔両学派の相違を語る〕どんな明言があるであろうか。

(b²)識の中に青等の形象は知覚されない[26]

【有相唯識派】 〔青などの形象が〕真実としては（tattvatas）存在しない〔すなわち，虚偽である〕けれども，極めて明瞭な〔青等の〕知覚があることにどのような不合理があるのか。

---

(23) MAV & MAP 146—147(ad. k. 52), 一郷［1985（研究編）: 149］参照。

(24) MAP, MAV 147(ad. k. 53).

(25) MA k. 53 と比較。MA 53偈は「知」（shes pa, *jñāna）とのみ云い，MAP ではそれを「不二」（gnyis su med pa, *advaya）と註釈する(MAV 147.16)。MAV 146—147, 一郷［1985（研究編）: 149—150］参照。

(26) MA, k. 54, MAV & MAP 148—149, 一郷［1985（研究編）: 150］参照。

【無相唯識派】 答える[27]。

遍充関係：およそ，あるところにおいて現に知覚されていないもの（asaṃvidyamānarūpaṃ）は，そこにおいて知覚されない（na saṃvedyate）。苦において楽等のもの〔が知覚されない〕ように。

主題所属性：そして，青等の諸形象は識において現に知覚されていない。

〔結論：したがって，青等の諸形象は識において知覚されない。〕

以上は、能遍と相容れない〔属性の〕認識〔と呼ばれる証因による論証〕である。〔青等の〕諸形象が虚偽であることは確立されているから，〔証因（＝現に知覚されていないこと）は主張命題の主題（＝青等の形象）において〕不成立（asiddhatā）ではない。同品（＝知覚されないもの）に存在するから〔証因が所証と〕相容れないこと（viruddhatā）はない。

「そこで，もしも勝義として〔青等の諸形象が〕知覚されないことが帰結（prasaṅga）すると立証されるなら，そのときには[28]，既に明らかなことを立証しているにすぎない。〔一方，〕一般的に〔青等の諸形象が知覚されないことが帰結すると立証されるなら〕，その場合，所証法の反対（異品＝saṃvedya）において能証法（証因＝asaṃvidyamānatā）〔が存在すること，言い換えると、〈知覚されないものが現に知覚される可能性〉〕を否定する根拠がないから，証因が異品から排除されているかどうか疑わしいことに，どうしてならないのか[29]」とも言われる必

(27) ここの「無相唯識派」の見解の読解にあたり桂紹隆氏よりご指導を仰いだ。ここに記して謝意を表します。

(28) W: [tad asiddhasādhanam], V: tadā siddhasādhanam. V に従う。

要はない。[W630] なぜならば，今の場合、〔勝義的にではなく〕ただ一般的に〔青等の諸形象が知覚されないことが〕立証されているから。

(b3) 虚偽なものには，真の意味での知覚も，比喩的な意味での知覚もありえない(30)

さらに，ここで〔ただ一般的に立証するなら証因は〕不定でもない。なぜなら，知覚（saṃvedana）は二種であり，真の意味での（mukhya）〔知覚〕と比喩的な意味での（gauṇa）(31)〔知覚〕とである。

その内，真の意味で〔の知覚〕は，無感覚ではないことを性質とする。そして，それ（無感覚でないこと）は，ほかならぬ知の，比類なき，独自なる本性（dharma）であり，どうして〔その本性が〕現に存在しない形象に存在しようか〔，存在しない〕。すなわち，

主張：非知なる性質（ajñānarūpa）に真の意味での知覚（mukhyaṃ saṃvedanam）はない。

喩例：たとえば虚空の蓮に〔真の意味での知覚がない〕如し。

結論：したがって，非存在のものと受け取られている青等の諸形象も，非知なる性質である。

以上，〔真の意味での知覚は〕能遍（非知性）と矛盾する認識〔であることにもとづく推論式〕である。

比喩的な意味で〔の知覚〕もありえない。なぜなら，比喩的な意味

(29) Cf. MA, k. 62, MAV & MAP 148—149, 一郷 [1985（研究編）: 158—159] 参照。

(30) MA, kk. 55—56, MAV & MAP 148—151, 一郷 [1985（研究編）: 150—151] 参照。

(31) W 630.12 にて，upacarita と言い換えがされる。

での知覚は，自己の形象に類似した知を生起させるものにほかならないといわれているからである。それゆえ，それ（比喩的な意味での知覚）は，現に存在していない，あらゆる効力を欠くもの，たとえば馬の角の如きものには，不合理である。非存在のものは，あらゆる効力を欠くことを特徴としているからである。すなわち，

主張：効力なきもの，それには比喩的な意味での知覚はない。

喩例：たとえば馬の角の如し。

結論：それゆえ，非存在と認められる青等の諸形象も，効力なきものである。

以上，〔比喩的な意味での知覚は〕能遍（無効力）と矛盾する認識〔であることにもとづく推論式〕である。諸形象は虚偽なるものであるから，証因（非存在）は不成ではない。同品に存在するから矛盾ではない。

それゆえ以上のように，(1)互いに排除しあって定立することを特徴とする，真の意味での〔知覚〕と比喩的な意味〔での知覚〕の両者によって，知覚（saṃvedana）は遍充されているから，そして(2)その能遍が否定されるのだから，それによって遍充されている知覚も否定されるにほかならない。以上で，「非存在のゆえに」というこの証因には[32]，知覚の〔発生する〕機会はないから，〔証因に〕不定性はない。

【有相唯識派】 かげろう等には水等の形象がないにもかかわらず，知覚はあるのだから，まさに〔真の意味での知覚や比喩的な意味での知覚では遍充されない知覚があるという〕不定の誤謬があるではないか。

---

(32) W: nāsattvād, V: asattvād. W 本の na を削除する。

【無相唯識派】 そのようなことはない。なんとなれば，その場合でも，水などの形象がもしも内にも外にもないならば，そのとき，それ（かげろう）は全く非存在なのであるから，どうして知覚があるであろうか〔，ありはしない〕。ゆえに，〔上記と同じ〕同じ批判にほかならない。

(ii)不二知の根拠について

(a)関係[33]

【無相唯識派】 関係（pratibandha）によって〔諸形象は〕知覚される。

【答論】〔そのように〕も言うべきではない。なんとなれば，諸形象には知の本性はない。〔もしあれば〕知のように有なるものになってしまうゆえに。〔逆に，〕もし形象の本性が知にあると認められるならば，そのときは，形象のように知が非有なるものになってしまう。

また，諸形象は，知から生ずるのではない。形態のないもの（nīrūpa, rang bzhin med）には，所生性はありえないゆえに。諸形象から知〔の発生〕もない。諸形象は虚偽たることによって効果的作用能力を欠くからである。

つまり，同一性と因果性（tadutpatti）の他に関係は存在しない[34]。したがって，

主張：A が B と関係をもたないとき，B は現に知覚されていて

---

(33) MA, k. 57, MAV & MAP 152―153, 一郷［1985（研究編）：151］参照。

(34) MA k. 57 より，ここでの同一性とは「知と形象の同一性」を意味し，因果性とは「知から形象が生じる」あるいは「形象から知が生じる」という関係を意味する。

も，［V 462］Aは決して知覚されることはない。

喩例：たとえば，知自体が現に知覚されているとき，〔無関係の〕石女の子〔が知覚されない〕如し。

結論：同一性と因果性という特徴をもつ二種の関係も，知と〔無であると〕[35]認められる諸形象との間には存在しない。

以上は，〔二種の因果関係である〕能遍の非認識〔にもとづく推論式〕である。関係がないものはすでに証明しおわったものであるから，不成性の誤謬はない。同品に〔「無関係」という証因が〕存在するゆえ，矛盾性もない。［W 631］さらに，〔関係がないにも関わらず知覚があるとするならば〕一切を知覚するという誤謬が帰結するから，証因は不定性でもない[36]。

(b)無明[37]

それゆえ，御身（無相唯識派）によって知と同時間に存在するものと構想されているこの〔虚偽なる〕形象が無因性のものであるとき，依存性は存在しないのだから，どうして，〔そのような知に〕偶時性（kādācitkatva）があるのかという理由を〔御身は〕ここで説明すべきである。

【無相唯識派】　虚偽であっても御身（ハリバドラ）らにとって世俗としては能知と所知の顕現は考えられるように，同様，我々（無相唯識派）にとっても，無形象の真実知の中に（nirākāre tāttvike jñāne），それ（無形象の真実知）とはまったく無関係の無明（avidyā）は，虚偽であっても現

---

(35) Tib 訳より補う。Cf. MAP, MAV 153.9.

(36) nānaikāntikatā ca hetoḥ，ca は不要。

(37) MA, k. 58, MAV & MAP 154—155, 一郷［1985（研究編）：151—152］参照。

に存在し，世俗としては別異たるもの〔すなわち無形象なる真実知〕の中にも〔虚偽なる無明が〕顕現していることになる。

【答論】 それ（無相唯識派の見解）も〔いま御身たちに直前に述べたのと〕同じ〔理由で〕否定される。しかし，我々（ハリバドラ）にとって，世俗としては，所知たるものは能知に他ならないという〔同一性の〕関係は承認されているから，〔能知と所知＝知と形象の〕両者が顕現することは矛盾ではない[38]。

【無相唯識派】〔虚偽なものであっても，無明が無形象の真実知の中に顕現するという〕これはけっして誤謬ではないから，有因性が認められる。

【答論】 その場合は，所取・能取という形象は，因縁生のものであるから，遍計所執性ではなく，依他起性であることになってしまう。なぜなら，因縁生以外に依他起ということはないからである[39]。

【無相唯識派】 たとえそのようであっても，それでは，勝義的有性〔すなわち円成実性〕はどうして得られるのか。

【答論】 答える。すなわち，識もまた縁によって生じるから，〔因縁生という〕自性とは別の有性はないと〔我々は答える〕。これゆえ，〔御身らが言う〕勝義的有性は，因縁生と必然的関係にあることは否定しがたい。そのことから，継続的に存在するから同時には知覚されないと結論付けるとしても，〔形象と勝義的有性との因果関係を否定

(38) 世俗において，所知と能知の同一性を認めるハリバドラが勝義として無形象なる真実知を主張する無相唯識派のその真実知と世俗知の矛盾（勝義として実在する真実知を虚偽なる無明とは本来的に無関係である）を指摘している。

(39) Cf. MAV, ad k. 58

できない以上，御身らが〕承認している形象の虚偽性は否定されるであろう。

【無相唯識派】 また，形象が，所説の如き〔勝義的有性から生じた依他起のもの〕であるとも〔無相唯識派は〕認めない。

【答論】 その場合は，認識の条件が得られたものとして（upalabdhilakṣaṇaprāptatvena），〔勝義的有性の〕知が，無形象にほかならない，と常時すべての生類によって知覚される，という〔誤謬に〕陥る。

(c)迷乱[40]

次のような〔反論が〕あろう。

【無相唯識派】〔無形象の知は〕確かに知覚されている。だが，凡夫たちには，現に知覚されている形象（anubhūyamānākāra）によって生じた迷乱によって，認識の条件が得られていないから，このことから，知覚経験したと確定する認識を欠くゆえに，〔凡夫には〕それ（無形象なる勝義的有性の知）の認識は，刹那滅性〔を認識できない〕如く存在しない。

【答論】 それも正しくない。なぜならば，もし〔経量部や有相唯識派のように〕内あるいは外に[41]諸形象がありうるとするならば，その場合は，知覚（saṃvedana）によって生じた迷乱によって，それら（諸形象）を現に知覚しているにも関わらず，〔それらを識の中に顕現したものとしての〕識であると〔凡夫は〕確定することはない，ということになろう。しかし，〔御身らのように〕内にも外にもそれら（諸形象）が存在しないとするならば，その場合には，何に対する知覚経験——すな

(40) MA, k. 60, MAV & MAP 158—159, 一郷［1985（研究編）: 153］参照。

(41) W: antar bahirdhākārāḥ, V: antar bahir vā ākārāḥ. V に従う。

わち，それによって，〔凡夫たちは〕現に知覚しているにも関わらず，〔それを〕不二〔知〕であるとは確定できない〔ような知覚経験〕――によって〔凡夫たちは〕迷乱しているのか，ということである。

また〔次のような〕考えもあろう。

【無相唯識派】　虚偽（alīka）の形象が現れること，これこそが迷乱の自性である。それゆえ，現に形象が存在しないにも関わらず，迷乱ゆえに〔現に存在しない形象の〕知覚が存在するであろう。

【答論】　それも正しくない。なぜならば，「迷乱」という言葉によって名づけられているのは，誤謬を生ずる習気，すなわち因となる知の状態なのか，あるいはまた，そのような類の習気を根拠とし，果の形態を取った迷乱した［W 632］知にほかならないのか，のいずれかである。

そのうち，前者については，その因（習気）と諸形象は関係がないゆえ，それ（習気）によって（tadbalāt），それら（諸形象）が知覚されることはありえない，過剰適用になってしまうゆえに。また，〔因たる習気から諸形象が生ずるという〕因果性を相とする関係があるにちがいないというのも正しくない。前の如く[42]依他起性となってしまうゆえに。

もしまた後者の場合であっても，その場合も，〔迷乱した知そのものに〕諸形象との関係があるならば，同一性を相とする〔関係〕であって，因果性を相とするものではないであろう。それ（知）と同時に現に知覚されているものであるゆえに。また，時間を同じくする二つ

---

(42)　前節（2.4.3, (ii)―(a). 631.8）の因縁生の議論参照。

のものには因果関係はありえないゆえに。それゆえ，迷乱のごとく，〔形象も〕それ（知）と異なるものではないゆえ，依他起性になることはさけられない。以上はつまらぬ議論である。

次のような〔反論が〕あろう。

【無相唯識派】 迷乱の所取・能取の形象は存在しないから，睡眠等の状態では自己認識という唯一の形態が，真実なもの（satyā）として存在するであろう。

【答論】 それは正しくない。意識は，法界を対象とするものであるときでも心所法だけを把握するものではないから，全体を分割することによって多様なる形態をもつもの（citrarūpatva）であるがゆえに。

(iii)知の相続について

【無相唯識派】 また共相応の識蘊の自性は，まちがいなく（eva）所取・能取の関係を離れたものであると確定されている。

【答論】 そうであっても〔識蘊の自性は〕まちがいなく（eva）多様性（citratā）に至る。なぜならば，〔そこ（識蘊の自性）に[43]〕迷乱の習気は存在する，と御身（無相唯識派）が(1)承認するか，(2)承認しないかという二つの選択肢がある。

［V 463］もし(1)前者ならば，その場合，無明とは，非真実な形象への執着の習気にほかならない。そして，その習気が効力といわれる。そして，効力は，原因である，知の本体となるにほかならない。それゆえ，前々の原因である無明を本体する知から，後々の果である，非

(43) Tib. de la. チベット訳より補う。

真実な形象への執着を有する〔知〕が生ずるから，無明によりそのような顕現のあることは当然である。以上から，必然的に〔共相応の識蘊は，御身らが主張する所取能取を離れた不二知と，迷乱の習気を備えた知との〕多様性に到る。したがって，〔不二性と迷乱性という二側面をもつ〕等無間縁によって〔識が一であると〕確定されるとはいえない。なぜならば，所説の知が等無間縁にほかならないからである。以上はつまらぬ議論である。

もしもその場合，

【無相唯識派】 習気を本体とする諸効力は〔所取能取を離れた識・不二知とは〕異なるものである，というならば，

【答論】〔そのようなことは〕ない。本質的には（tāttvikena）(44)〔識は，因である他の〕多くの効力と異なるものではないから，効力の自体と同様に，識（vijñāna）に，時間を同じくする多性（anekatva）が帰結する。そして，それについての誤謬は既に説かれた(45)。

あるいは同様に，諸効力は一つの知（jñāna）(46)と異なるものではないから，識（vijñāna）の自体と同様に〔諸効力の一性が帰結する。そし

---

(44) W and V: tāttvikānekaśaktyavyatirekāc. Tib. yang dag par na. チベット訳に合わせてテキストを変更する。

(45) 直前の議論（識が種々性になり，唯一性が否定される誤謬）を参照。

(46) ここでは jñāna と vijñāna が使い分けられている。MA k. 93直前では『六十頌』の第21，34偈を引用して jñāna の優位性を示す（MAV 302, 一郷［1985（研究編）：195］）。カマラシーラはこの箇所の『六十頌』第34偈に対する註釈で「知」（*jñāna）を「正智」（yang dag pa'i ye shes bya ba, *samyagjñāna, MAP, MAV 303）と解説する。『六十頌』の当該二偈は後期中観の諸論書にしばしば引用される（MAV 302, n.（1），（2），シェラシャープの当該偈翻訳の注 342, 492）。MA では主知主義的な認識→「一切は空という知」という構造を示す教証となっている。

て，諸効力の〕一性を否定することは困難である。それゆえ，どうして〔効力である〕等無間縁に区別（bheda）があろうか。

(2)もし承認されないという後者の見解であるならば，そのときは，すべての人間が努力せずして解脱するであろう等が帰結することを否定できない。

(iv)シュッバグプタ批判[47]

【シュッバグプタ】 凡夫の知はすべて，青等の形象の影響[48]を受けることなく発生する。その〔知〕においては[49]，一性の否定に堕することは［W 633］ないであろう。〔知は〕多様性のものではないからである。

それ（凡夫知）に青等を知覚する性質（rūpatā）が確定していること，それ（知覚する性質）は，それ（青等）を知覚することを性質（rūpatva）としているからであって，決して青等の性質になっているからではない。なんとなれば，形象とは，対象（ālambana）を把握する〔知の〕手段（prakāra）にほかならず，〔対象〕そのもの（tādrūpya）ではないからである。

しかし，青等が外界のものの如く現に顕現していると見えるのは，知の形象として〔見えているの〕ではなく，そうではなく（api tu），青等の知覚（nīlādisaṃvedana）を有する知（jñāna）を領納している認識者

---

(47) 以下の見解がシュッバグプタの見解であることはカマラシーラによって示されている。MAV & MAP 162—165（ad. MA, k. 60），一郷［1985（研究編）：153—154］，同様に，MA, k. 19, MAV & MAP 74—77，一郷［1985（研究編）：132］参照。

(48) W: upanāmaṃ, Tib: nye bar sgyur ba. V: uparāgaṃ. Vに従う。

(49) カマラシーラにより「知」を補う。MAP（MAV 163.4）参照。

が愚かさのゆえに，そのように外界のものとして青等を判断しているのである。
【答論】 それも間違いである。なんとなれば，もし青等と，〔それと〕結びついた〔知〕とに何ら関係が存在しないならば，そのときには，どうして青等の知覚があるのであろうか。というのは，〔青等〕そのもの（tādrūpya）以外に，外界対象を把握する別なる〔知の〕手段——すなわち，それによって〔青等〕そのもの以外に形象が確定される——が，不動の知に存在するわけではないからである。過剰適用になってしまうがゆえに。しかし，〔青等〕そのものの生起によってのみ知が作用を有することが理解される。それ（青等そのもの）だけが，それ（知）が対象を把握する〔知の〕手段であると言われている。それについても誤謬が述べられた。
【シュッバグプタ】 青等は，あらゆる点で全く存在しないのである。
【答論】 そのようなことはない。なんとなれば，もし青等が，内にも外にも存在しないならば，そのときには（tat），〔御身らが主張する〕これ（青等）が〔あらゆる点でまったく存在しないにも関わらず〕無分別なる心の中に非常にはっきりと知覚経験されるのは，いかにしてかを説明すべきである。
さらに，（イ）〔形象が〕全く顕現していないということは云い得ない。すべての人々にとって，その〔青などの〕顕現は，知覚経験によって成立しているからである。
（ロ）また，はっきりとした顕現を有するものが，それ（分別）によって愚者たちがそのように〔顕現していると〕判断するといわれる，分別の対象であるということも理に合しない。

（ハ）さらにそうであっても，分別によって判断されると認められるということ，それは正しくない。なんとなれば，もし，あらゆる知が全く無形象であると知覚経験されるならば，その場合，その〔無形象知の〕後に生じる分別によっても，すでに確定された青等の形象が判断されるということもまったく不合理である。〔無形象の知と分別による判断には〕関係がないからである。

（ニ）これ（形象）こそ[50]が迷乱の自性である，と〔反論者が〕云うならば〔次のように答える〕。この場合は，依他起性が帰結するから，迷乱とこれ（形象）とはどうして関係があるといえるのか〔，いや，関係はない〕。それゆえ，〔迷乱と形象とは〕関係がないのだから，分別の対象としても，現に存在しない青等を知覚することはありえないから，このこと（形象が迷乱の自性）は不合理である，と。

II. 猶予不成の誤謬の否定[51]

【反論者】 たとえそのよう（有形象）であったとしても，しからば，清浄でない状態においては，知は多様に顕現するものであり，虚偽（alika）にほかならないし，〔一方で〕清浄な状態においては，〔知は〕迷乱を離れているから不二を性質とするにほかならなず，唯一の自性となるであろう。〔したがって，証因は猶予不成となる〕。

【答論】〔次のように〕答える。

もし，清浄でない状態では知が完全に虚偽にほかならないならば，その場合，清浄な状態において，それ（知）がいかにして真実な性質

---

(50) W: evam, Tib: ‘di lta bu, V: eva. V に従う。
(51) MAV 166―171, 一郷［1985（研究編）: 154］参照。

のものになるかが説明されなければならない。

(1)そして，虚偽なものから真実な性質が発生することはありえない。それ（虚偽なもの）には効力がないからである。あるいは，〔その虚偽なるものに〕効力があるならば，どうしてそれが虚偽でありえようか。そのような〔効力がある〕ものでも虚偽であるならば，他方の〔真実の性質のものとされている〕ものが一体どうして真実となろうか。このことから，その〔真実の性質のもの〕[52]が無因にほかならないことになるし，また，そのことは不合理である。つねに有等のものに陥ってしまうからである。

(2)〔清浄でない状態において，知は虚偽にほかならないにも関わらず，清浄な状態においては知が〕「迷乱を離れているから」とも述べるべきではない。なんとなれば，もし，清浄な状態において，あらゆる形象の消滅がありうるならば，その場合，その〔迷乱を離れる〕こともありえよう。〔だが，〕迷乱の消滅があっても，諸形象の［V 464］消滅がありえない限り〔清浄な状態，すなわち迷乱を離れることはありえない。なぜなら〕，その場合，所説の論理によってそれら〔諸形象〕には〔迷乱との〕関係がないからである。そして，関係がないときには，牛と馬等の如く，一方が消滅するとき，他方がかならず消滅することはない。〔そのようなことがあれば〕過剰適用になるからである。

また，〔次のような反論〕もあるかもしれない[53]。

【反論】 ある人（イーシュヴァラ論者）には，固有に成立していて（自己成

---

(52) Cf. MAP(MAV 169.7): de'i phyir bden pa rgyu med pa can kho nar 'gyur ro.
(53) Cf. MAP, MAV 169.10―16.

就の）不二にして戯論を離れた知は，一なるものとして存在するであろう〔。したがって，猶予不成の誤謬となるであろう〕。

【答論】 それはありえない。なんとなれば，固有に成立している（自己成就の）ものには，一定の拠り所を獲得することによる〔他への〕依存はないから，いかなるものでも，そのような種類（不二の知）の実在性が消滅することはありえない。それゆえ，（その不二知は）世間でしられていること（pratītya, grags pa）等と矛盾することになるであろう。

次のような〔反論が〕あろう。

【反論】 〔知は〕前々の似た刹那（pratipakṣakṣaṇa）によって生じるのだから，〔前の刹那という〕一定の原因に依拠する自性を伴って[54]，何んらかのものの上にだけ存在するであろう，そのようなものが，因たるもの（hetudharma）である。

【答論】 それは全然輝かしい〔考え〕ではない[55]。〔汝らの〕所説の諸規程（vidhi）によれば，すべてのものが形なきものである（nīrūpatā）ともたらされているから，勝義としては，因果関係は不合理であるからである。これはつまらぬ議論である。

それゆえ，吟味するならば（vicāryamāṇa），諸存在には，なんらかの自性が、一部たりとも，一という範疇を離れては成立しないならば，その場合は，多なるものがどうして成立しようか。多性はそれ（一性）の集積を本性としているからである。証因は不成ではない。

---

(54) W: pratiniyatakāraṇāt tatsvabhāvatayā, V: pratiniyatakāraṇāyattasvabhāvatayā. V に従う。Cf. MAP, MAV 171.1—3.

(55) この文章には「そのような心相続を伴なう識〕はまったく輝くことはない」という，円成実性の識を「光り輝く識」とする無相唯識派の教義を利用した批判も含意されているともいえる。

【反論】 現に顕現しているものは，すべて一・多の自性を欠いたものであることによって，無自性であることは直接知によっては顕われない。それ（直接知）は有を対象としているゆえに。また，推理によっても〔顕われない〕。遍充関係（vyāpti）の能取である直接知は存在しないし，また推理によって把握するときには無限遡及になるからである。〔直接知と推理による〕知覚（pratipatti, tib. rtogs pa）がないのであるから，どうして証因が成立するのか。

【答論】〔そのようなことは〕ない。なんとなれば，所説の推理の諸規程により，無自性であることは一・多の自性を欠いている〔という証因〕によって遍充されていると了解される。そして，それら〔諸規程〕の中で，ある推理の遍充は直接知によって，〔また〕ある〔推理の遍充〕は直接知によって把握された遍充をもつ推理によって把握されるゆえに，正しく〔直接知と推理の〕正知によって，決められた主題の属性を把握するからどうして無限遡及になろうか。

同品に存在するから矛盾でもない。［W 635］なんとなれば，もし所説の証因が，所証と対立する命題（sādhyaviparyaya）を証明することから，勝義的自性の上にはたらくならば，そのときは，同一性と因果性によって，それと関係している〔その証因〕は，吟味の拒絶に耐えられないことによって，真実性を欠いている他なる幻等のものに，どうしてはたらくことができようか〔，できはしない〕。存在性の属性を否定することになるからである。したがって，どうしてよく知られた喩例を証因が拒絶することがあろうか。

III. 1 同品定有性の確定

〔次のような〕見解があろう。

【反論】 私には，〔所証と能証に対する〕二つの条件を満たす喩例は成立しない。識を本体とするものとして，幻等は事物として認められているものであるから。このことから，証因には不定性がある。

【答論】 それは正しくない。なんとなれば，事物として認められている諸識は，すべて，所説の推理の諸規程によって無自性のものと了解されている。それゆえ，正知によっては拒斥される幻等であっても，識を本性とするものとしては成立しているから，喩例としては成立しないような，そのようなあり方は，諸事物には自ずと認められない〔から，どうして喩例が成立しないことがあろうか〕。以上[56]はつまらぬ議論である。

次のような〔反論が〕あろう[57]。

【反論[58→]】〔証因が〕主題と同品に存在することが成立していても，証因の異品からの排除がどうして確定されるであろうか。すなわち(yena)否定的必然性に関しての疑わしい誤謬[59]という違反は存在しないのか。

【答論】 答える。実に，ある自性の否定と必然的関係で肯定的であること，それは相互に排除しあって定立する性格をもつものということ

---

(56) na kiṃcit etat, 脚注に従い yat kiṃcit etat で読む。

(57) MA, k. 62, MAV 188—191, 一郷［1985（研究編）：158—159］参照。

(58) 以下，←(58)まで森山氏の訳あり。森山［2012：1125—1123］。

(59) W.V とも saṃdigdha-vyatireka, 脚注に従って vyatireka-saṃdigdha で読む。

である。たとえば，有は無の否定と必然的関係にある肯定のものである。一性と多性は，相互の自性の否定と必然的関係にある肯定においてこそ，存在する。それゆえ，〔一性と多性は〕相互に排除しあって定立する性質のものである，と。

そして，相互に排除しあって定立する性質の二つのものは，一方の肯定が他方の否定と必然的関係にあるから，第三群は存在しないと理解せしめるものである。たとえば有と無の如くである。そして，一性と多性も相互に排除しあって定立する性質のものである。それゆえ，第三群はないから，自性は一性と多性によって包含されている。したがって，所証と対立する命題（sādhyaviparyaya）〔の証明〕において，証因に否定的必然性は確かに存在するから，どうして所説の如き誤謬の機会となろうか〔，なりはしない〕。

【反論】 また，この場合，証因は，主張の内容（＝無自性）の一部であるから成立しないのではないか。なぜならば，一と多は，自性の種類という性質のものであるから〔相違がないように〕，その二つの対立する所証と能証にも相違はないからである。それゆえ，もし所証（無自性）が成立しないならば，証因（＝能証）も，それと異ならないことを自性としているから不成立である。もし証因が成立するならば，そのときは，諸存在の無自性（＝所証）［V 465］ということも成立する。なんとなれば，一・多を［W 636］欠いている兎の角等において，誰も存在の本性を承認していないからである，というならば，

【答論】 それは正しくない。なんとなれば，まず証因が成立しているように，そのように詳しく了解されている。それ（証因）が成立していても，たとえ規程上，無自性が証明されているとしても，そうであ

っても事物に執着する人は，〔自性という概念に対する執着を〕捨てることが困難であるから，真実として（tattvatas），すべての[60]事物に遍充する無自性についての確定等が生じていないから，愚者たちに対して，すべての存在は無自性であるという言語表現の適用が達せられるのであるから，証因が主張の内容の一部であることはないのである。たとえば，認識の条件が得られているのに認識されないことによって，有性について存在しないという如きものであるから，非難されるべきことではない。

【反論】 愚者に対しては，無自性ということだけが，まずもって言語表現上，証明されるべきである。

【答論】 もし〔このように反論者が〕固執するならば，それに対しても〔次のように〕云う。

しかし，一性と多性という自性を遍充する両者を否定することによって，樹木を否定することによってシンシャパ樹も否定するように，勝義的な自性の否定が証明されるとき，その場合，証因が主張の内容の一部であるとどうしていえようか。というのは，所遍（＝無自性）と能遍（＝一・多性を欠くこと）を否定する表現はさまざまな否定を本質としており，同義語はないから。それに，同義語でないものが，主張の内容の一部であるということはない。以上はつまらぬ議論である。←[58]

III. 2 限定詞「勝義として」について[61]

【反論】「勝義として」という限定詞は無意味ではないか。なんとな

---

(60) W: samastra-vastu, V: samasta-vastu, V に従う。

(61) MA, k. 70, MAV & MAP 230—235, 一郷［1985（研究編）: 168］参照。

れば，「整合性のある論理学は勝義である」（SDV 4ab）といわれているから，「勝義」という語でもって，三種の条件をもつ証因によって生じた智（buddhi）が呼ばれている。

その場合，⑴その〔智〕も世俗を自性としているから，どうして勝義のものであろうか。⑵また，もしその〔智〕によって諸存在の無自性性が確定されるならば，そのときは，[62] その智〔の無自性性〕は何によって確定されるべきなのか。(a)自ら（tata eva）確定することはできない。自分自身に作用することは矛盾しているからである。(b)別の正知によってでもない。無限遡及の誤謬になるゆえに。(c)もしその一つの智を除いては，〔智の無自性が〕確定されるというならば，そうであれば，あらゆる対象が無我であると述べられていることにならないのではないか，

【答論】 それはそうであるかもしれない。しかし，⑴' あらゆる戯論が排除された「勝義に相応するものであるから」（MA, k. 70a），所説の智には勝義性がある。また，⑵'〔智の〕無自性性も自ら〔確定するの〕であり，さらに，(a)' 自分自身に作用することは矛盾していない。(b)' 一般的な形として，一切法が無自性であることは確定するからであるし，また，(c)' その一般相の中にその智の本性は含まれるからである。ちょうど，一切諸法に対して，「存在すること」等の証因によって，「消滅するもの」という理解（pratyaya）が生ずるとき，〔その理解は〕自己を除外して生じるわけではない如くである。ゆえに非難されるべきことはない。

---

[62] W and V: tadā tasyāś ca buddheḥ. ca を取る。

IV. ハリバドラの立場

1. 空性と愚者[63]

【反論】 増益された勝義的な「生」等のあり方（ākāra）を欠いたものとして，厳密な検討が加えられない限り好ましいものである［W 637］存在の自性だけが，「無自性性」という言葉で語られているのではないのか。そして，その存在の自性は直接知の〔対象〕である（pratyakṣatva）から，それ（存在）の自性たる無自性性（＝空性）も直接知にほかならない。たとえば，瓶のない大地を見るとき，それの自体となっている瓶がないこと〔が見られる〕如きものである。

別の観点からすると，〔存在と無自性性は〕運命を異にしないもの（安危同分）[64]であるから，非異性が否定される。そして，そのことから，存在は無自性ではないであろう。無自性性には〔同一性の〕関係がないからである。また，〔存在との〕因果性の関係も存在しない。それ（無自性性）は，事物にあらざるものとして結果ではないからである。それゆえ，それ（無自性性）は，愚者たちによっては直接知としては確認されないから，〔無自性性は〕直接知と対立するものである。

同じく，認識の条件が得られているのに認識されないことによって，瓶の如く，無という言語表現が適用されるから，無自性性は存在しないから推理と対立するものである。

月の中に月性がない如く，牛飼いの人にまで無自性性の理解が欠け

---

(63) MA, kk. 73—74, MAV & MAP 244—249, 一郷［1985（研究編）：171—172］参照。

(64) anyathā'bhinna-yogakṣematvād のアバグラハを取る。

るから，〔世間的〕理解とも対立することも否定しがたい。

【答論】 それは正しくない。なんとなれば，諸存在の，増益されたあり方を離れた存在が無自性性といわれており，それ（無自性性）は，存在の自性を把握することによって把握されたものであるが，刹那滅性の如く，迷乱のゆえに，増益されてた勝義的な「生」等のあり方に隠された性質であるから，愚者たちによっては〔無自性性は〕確定されない。かくて，確定が生じないものは，直接知性として存在しないから〔といって〕，〔無自性性は〕直接知と対立するものではない。

同様に，〔無自性性は〕把握されたものであるが，言語表現の適用がないから，把握されないカルパの如きものに他ならないから，それ（無自性性）は，認識の条件が得られていない〔だけである〕。それゆえ，推理と対立するものではない。

また，「勝義として」という限定詞があるからといって，有として理解しているものは否定されることはないゆえ，〔世間的〕理解と対立することはまったくない。以上はつまらぬ議論である。

【反論】 根源（種子）のない迷乱はありえないから，それ（迷乱）によって増益されたあり方はいかなるものか。[65]

【答論】〔そのようなこと〕も語る必要がない。なんとなれば，［V 466］真実（satya）と虚偽の迷乱とにいかなる関係があるであろうか。(1)まず，それ（真実）の自性（＝同一性の関係）であることはない。真実と虚偽は矛盾したものであるから。(2)それによって生じる（因果性の関係）もない。虚偽は〔真実の〕結果ではないから。

---

(65) Cf. MA, k. 60, 一郷［1985（研究編）：153］。

これゆえ，これ（迷乱）の根拠が，全く世俗的な前の原因であることは矛盾しないし，その〔原因の〕原因も，さらに全く世俗的な前の原因である。そして，そのようなあり方の原因の連続性は無始のものであるから，迷乱は決して根拠なきものではない。

【反論】 確定（pratiniyama）はいかにしてあるのか。

【答論】〔そのように〕問われれば〔次のように〕答える。

勝義的な存在の自性の如く，世俗的なものについても，その自性こそが，もう一つの世俗的な原因に依存したものである。すなわち，確定している世俗的な因果〔関係〕が存在するのである。

2．無自性性の証明[66]

【反論】 それでは世俗的なもの（sāṃvṛta）とはどのようなものであるか。[67]

【答論】 もし〔そのように問うならば，〕実に，吟味の拒絶に耐えることはできないので，効果的作用をもつ事物（vastu）[68]こそが世俗的なものである，と答える。なんとなれば，実なるもの（tathya）と非実なもの（atathya）によって，すべての［W 638］群は遍充される。両者は相互に排除しあって定立する性質のものであるからである。実なる自性（rūpatā）が否定されるときには，自動的に，別の状態がそれら（すべての群）の上に起こるのである。したがって，おのずから，この〔世

---

(66) MA, kk. 76—78, MAV & MAP 252—257, 一郷［1985（研究編）：172—174］参照。

(67) MA, kk. 64—66, MAV & MAP 208—219, 一郷［1985（研究編）：162—165］参照。

(68) W: vastu-vicāravimardākṣamatvāt, V: vastu vicāravimardākṣamatvāt. V に従う。

俗的な〕自性はすべてのものによって認められるゆえ，誤謬はない。

【反論】 証因がなかったら主張内容が成立しないから，一切法の無自性を証明するために証因を把握している人は，それ（証因）の有性を承認している人であるから，一切法無自性という命題と〔証因の〕無性ということは相互に矛盾しているから，自分の母が子を産まないという命題と同じであるから，自己の言葉と矛盾している。なんとなれば，証因の無自性性は自分で成立するのではない。自分自身に行為することは矛盾しているゆえに。他によって（成立するの）でもない。無限遡及の誤謬になるゆえに。

【答論】 もし〔そのように云うならば，〕そのようなことはない。そして，〔証因の〕無自性性も「自分で」云々と述べられたことで答えられているゆえに。同様に，無自性性についても，世俗として業果の関係を確定することによって，聖教との矛盾が存在しないから，その〔証因と命題の〕矛盾も考慮する必要はない。

〔次のような〕考えもあろう。

【反論】 無自性論者にとって，一切のものは非存在であるから，所依不成等の誤謬はさけられないのではないか。

【答論】 それは正しくない。なんとなれば，推理と推理されるものという言語表現のすべては，互いに相容れない定説に存在する属性（dharma）の違いを無視して，愚者にまで理解されている主題（有法，dharmin）にもとづいて起こっている〔という立場で我々は議論している〕。その〔主題〕と結びついた証因は成立するし，同様に，喩例も〔成立している〕。

そうではなく〔我々の立場とはちがって〕，もし，証因，主題また喩例が定説にもとづいたものであるならば，そのときには，「一方の定説には承認されている」という限定詞をもって殊別化された主題が，議論の場となるものであるから，他者には〔その主題は〕成立しない。そのような場合には，殊別化された主題が成立しないのであるから，証因は所依不成となるだろう。同様に，〔一方に〕自性が不成立であったり，喩例である主題が成立しないのであれば，どんな場合にも，「煙」や「有性」等による，「火」や「無常性」等が理解されなくなるから，所証と能証の言語表現が断たれることになるであろう。〔従って〕非識性等の性質から排除された唯知等は，ある〔論者〕には成立しているから〔，所依不成になることはない〕。以上はつまらぬ議論である。

次のような〔反論が〕あろう。

【反論】 実に，現に顕現している主題（有法，dharmin）に基づいて，増益されたあり方を否定するための証明をおこなう人には，所依不成等の誤謬が入りこむことはない。しかし，貴殿は現に顕現している主題を否定する。そうであれば，どうして貴殿に，所依不成等が入りこまないのか。

【答論】 そのようなことはない。なんとなれば，「勝義として」という限定詞によって，現に顕現している主題にある，増益された勝義的な存在の否定が証明される。しかし［W 639］，主題自体の否定ではないから，〔直前の議論と〕同じである。

〔次のような〕考えがあろう。

【反論】 もし，勝義的な自性が否定されるというならば，顕現するはずのその[69]主題の自体は何か他のものとして残されるであろう。

【答論】 それも正しくない。なんとなれば，顕現しているものは，それ（勝義的自性）が否定されるときに否定されるような，勝義的自性性によって遍充されているものではない。虚偽であっても二つの月や束髪等は顕現しているゆえに。

さらに，「たとえ二つの月等は外的な自体としては虚偽であっても，しかし，知の自体としては，それらは勝義的なものにほかならないから，顕現はありうる。なぜならば，それら（二つの月等）は，(1)多様なものとして，また(2)空間的存在として，顕現しているからである」とこのように云うべきでもない[70]。というのは，(1)一なる知が多様なものではありえないからである。一性を否定する誤謬になるから。また，(2)多なる知として生ずることも以前に否定されているから，［V 467］〔二つの月等は〕空間的存在でもない。形なきものであるから。

それゆえ，二つの月等は勝義的なものではないが，そのように顕現しているのであるから，勝義的自性が否定されても，〔二つの月等の〕顕現性は矛盾していない。という〔以上の〕ことから，勝義的な存在を承認していることにはならない。無なる存在を承認しているわけでもない。それ（無）は有の否定を相とするものであるから。

有が成立しないとき，対象なきものに否定辞（nañ）は適用されない[71]〔。この〕ことによって，否定の対象が存在しないとき否定は起動し

(69) W : tasyad harmiṇo, V : fasya dharmiṇo, V に従う。

(70) W 639.7 の iti 以下の理由句も反論者の見解と理解した。

(71) Cf. MA, k. 72, MAV & MAP 234—245, 一郷［1985（研究編）: 168—171］参照。

ないから，それ（否定対象）を前提とするそれ（否定）も成立しないから〔である。以上のことから〕相容れない有と無という立場から生じている誤謬は，我々には付着しない（upālīyante）。したがって，

【反論】 相互に否定しあう性質のものであるから，一方を否定すれば必然的に他方の主題を肯定することは，自ら生ずることである。

【答論】〔と，このように〕言われること，それも正しくない。真実として（tattvatas），有を自体とするものの否定は存在しないからである。

以上，有と無を自体とするものがないとき，知と知の対象は，直接にもあるいは連続しても，関係して起こるものではないゆえ，それら（有と無を自体とするもの）を対象とする分別は，あらゆる点で勝義的なものではない，ということは成立している。

3．分別・執着・無明の否定＝解脱

そして〔次のように〕考えるべきではない。

【反論】 有と無を自体とするものがない場合でも，無始よりの習気によって生じている，それ（有と無を自体とするもの）を対象とする分別は，兎角等の分別の如く生ずる，と。

【答論】 なんとなれば，たとえ外の事物との関係がなくても，そうであっても，前の知（jñāna）には，それと別のものではない習気の覚醒（prabodha）による生起があるから，これ（有と無を自体とするものを対象とする分別）には因果性を相とする関係がまさにある。同様に，時間を同じくして生じている知には，それと別なものではないものとして同一性を相〔とする関係〕がある。ゆえに，分別の中にもたらされた影像には，何らかの仕方で，肯定と否定による言語表現がある。

したがって，所説の規程[72]によって，習気を因とする知がないことで，分別の不生はそれの影像を欠くから，有と無の自体が存在しないときに，なぜ分別があろうか，と語るべきである。

［W 640］以上によって，或る人々が〔次のように〕語る。

【反論】　智者が，正知によって生じた対象に対して実である（satyatva）と執着し，他〔の対象〕に対して虚偽であると〔執着するの〕は正しい。さもなければ，智者性を否定する誤謬となるがゆえに。このことから，〔その〕断じがたさゆえに，実と虚偽への執着に関して，あらゆる転倒の断滅がどうしてあろうか。

【答論】　これに対しても〔次のように〕回答する。

執着は，知と異ならないことを体としているから，それ（知）がないとき，どうして執着に合理性があろうか。それゆえ，同様に，すべての分別は有と無の分別によって遍充されているから，能遍がないときには所遍はありえない〔。それ〕ゆえ，一切法を，真実としては（tattvatas）有と無の執着を離れ，十分な検討がなされない限り良きものであり，カンダリー（芭蕉）の茎の如き，内にも外にも芯を欠くものであると，そのように，一切種智性等の八現観の次第を伴う智慧の眼により，〔知者は〕確定させる〔。その〕人には，修習力の完成において世俗的な知の光（jñānāloka）――或る者たちにとっての美しい宝石等の智の如きものであり，まさに，あらゆる迷乱の相が追放され，自ら（svataḥ）正知となっていて，あるがままに対象を把握するゆえに，幻の如き不二知を本性とする知覚であり，清浄な世俗的原因から生じ，

(72)　同一性と因果関係に関する規程。「II．猶予不成の誤謬の否定」内の議論参照（W 634.14以下）。

あらゆる転倒を断じているからすぐれた慈悲と智慧を本性とするものであって，因縁性という属性を伴って――が生じる。再び分別の種を生ずることがないように。

そうであっても或る人が〔次のように〕云う。

【反論】 知（vidyā）によって無明（avidyā）の滅があり，そして，あるがままに知ること（yathārthajñāna）が知（vidyā）である。もし，知ることが，如来（の知）ではあっても，汝にとって，世俗的なものであるならば，そのことゆえに，〔その知ることは〕無明を本性としているから，知（vidyā）の生起がない場合に，無明は如何にして滅するか。そして，無明が断じられない限り，その限りどうして解脱があろうか，と。

【答論】 それは正しくない。なんとなれば，無明というのは，常住性等の増益された属性を理解すること（pratīti）である。一方，知（vidyā）とは，それ（無明）と対立する正知によって拒斥されない属性を理解することである。このことから，転倒と不転倒を根拠とする，その〔無明と知の〕両者の確定は，十分に理解されている。したがって，世俗的なものにも矛盾した属性が生ずるのだから〔勝義として〕あるがままにものを理解すること――それによって，それ（転倒）を断じないことには解脱がありえないような〔知〕――によって，転倒が滅するときに，それ（転倒）を根拠とする無明性(73)がどうしてありえようか。以上はつまらぬ議論である。

---

(73) W: vidyātvam，V: avidyātvam，Tib:rig pa ñid V に従う。

4．不見こそ最高の真実

(74)→それゆえ，以上からして，何であれ勝義的なもの（pāramārthika）(75)を，智慧の眼によって，「見ないことこそが，最高の真実を見ることである」（adarśanam eva paramaṃ tattvadarśanam）(76)ということが意図されている。しかし，眼を閉じた人や生盲等の人の如く，条件（pratyaya）を欠いたり，あるいは，思索していないことからの「不見」（adarśana）が（意図されているのでは）ない。それゆえ，〔そのように不見がない〕ヨーギンは，有等の転倒の［V 468］習気の断がないから［W 641］，無想定等から出定した人にとっての如く，有等の転倒の習気から生じた煩悩〔障〕や所知障が生じているから，解脱していない人にほかならない。←(74)なんとなれば，所説の真実知（tattvajñāna）だけが解脱を招くものであるから。他の仕方では過剰適用になるから，然らず。それゆえ，先に述べた「最高の真実を見ること」だけが〔解脱であると〕把握される。それによって，あらゆる誤謬と対立する，「無我を見ること」が直接知覚されるとき，それと対立するものであるから，(77)→煩悩障と所知障が断ぜられる。

これゆえ，障害物がないから，天空に雲等の障害が除去されるとき

---

(74) ←(74)まで BhK I 212.4—5 ,とパラレル。一郷［2011：36(n. 170), 37］参照。

(75) W: pāramarthikasya, V: pāramārthikasya V に従う。

(76) 『法集経』からの引用と判断する。Cf. MAV 286—287 (ad. MA, k. 90). この経典への同定については，一郷［2011：36—37］，注171参照。

(77) ←(77)まで，BhK I 216.10—19 とパラレル。一郷［2011：41(n. 183)］参照。この文中の「道」の skt. は panthāḥ であるが（W 641.13），BhK I では mārgaḥ となっている。panthā / panth- (m.)の単数主格が panthāḥ となることについては，Toshifumi Goto, *Old Indo-Aryan Morphology and Its Indo-Iranian Background,* Wien, 2013, pp. 43—44参照。

の太陽光線の如く，因縁生の事物が，勝義的な生等の分別を離れるとき，あらゆるものに対して，ヨーギンの直接知である知の光（jñānāloka）が妨げなく生ずる。すなわち，識は，事物の自性を照らす性質のものである。そして，それ（識）は，近くにある事物であっても，障害があれば〔何ものも〕照らさない。しかし，障害がない場合は，〔その識は〕不可思議なすぐれた効力を得るから，なにゆえ，あらゆる事物を照らさないことがあろうか。かくて，世俗的また勝義的なものとして，すべての事物は正しく遍知されるから，一切種智性が獲得されるであろう。これゆえ，これ（不見）こそは，あらゆる障害を断じようとするとき，また，一切種智性を理解しようとするときの最高の道である。←(77)

4.1 ヨーギンと凡夫たちとの相違

しかし，ヨーギンたちと凡夫たちとには〔次のように〕相違がある。すなわち，かれら〔ヨーギン〕は，幻の形象のように，幻について〔世間で〕よく理解されているものにすぎず非実性であると正しく遍知しているから，諸存在を真実なものとして執着しない。それゆえ，かれらはヨーギンと云われる(78)。一方，その幻を，愚か者の見解の如く(79)，真実なものとして執着し，存在をもそのようなものとして執着する人々は，転倒に執着しているから，愚者たちと云われる。それゆえ，すべてのことに矛盾はない。

---

(78) Cf. MA k. 75, MAV & MAP 248—251, 一郷［1985（研究編）：172］参照。

(79) W and V: bālaprekṣakajanavat. bālajanaprekṣakavat に訂正する。

4．2 不二の心の勝義性こそが一義的な対治[80]

以上のようにして，理証と教証によって，幻の如き不二の心（māyopamādvayacitta）〔の真実〕を理解し，真実と非真実を知ることに立ち向かう考えをもち，不二の幻の如き心を実世俗の本性（tathya-saṃvṛti-rūpa）にほかならないと聞・思所成の知によって確定し，〔不二の心を〕因縁生の法性として，一切種智性等の八現観の次第を伴う尊敬と連続と長期という特性をもつ修行によって修行をする，優れた諸師（yogīśāḥ）は，生存する限り付随するあらゆる分別を放棄した，幻の如き不二の唯識（advayavijñānamātra）の相続をもたらす。そ〔の相続〕こそが，（我々中観派にとって）一義的な対治である。

しかし，〔唯識派の如く〕はじめに「幻の如し」という表現を有する（sābhijalpa）識を設定することは好ましいこと（anuguṇa）ではあるが，〔その「識を幻の如し」と言っていることを）一義的な対治と言っているのではない。なんとなれば，外界実在論においては，人無我等の修行すら，事物の本性を心の中に確定してなされているわけではない。事物は無分別知によって了解されるものであり，また，それ（無分別知）ははじめにはありえないから，〔なんらかの実〕有のもとでは，修習が無意味なものに［W 642］なってしまうからである。それゆえ，〔かれら唯識派に〕おいても，この反論者は，〔不二の唯識という〕名称だけに結びついた分別の影像に対して[81]真実（tattva）にあるものとして〔心を〕集中し（avadhāna）ここちよく（anukūlya）身をゆだね，事物

---

(80) Cf. MA kk. 91—93, MAV & MAP 290—305, 一郷［1985（研究編）: 182—186］; BhK I, 210—213, 一郷［2011 : 35—36］。

(81) W.V とも -pratibimbe-, -pratibimba- に訂正する。

に執着し満足している。それゆえ，この〔反論者〕における名前の形象を修習することでは，どうして言語表現（jalpa）が昂揚されていることにならないか。

内なる我（ātman）を不動のものにしている人には，分別の消滅は，次第にあるというならば，それはあちこちで共通したことでもあるから，以上で付随的議論は十分である。

一郷　正道（いちごう　まさみち）

嗣講。1941（昭和16）年、静岡県に生まれる。1963（昭和38）年、大谷大学文学部仏教学科卒業。1970（昭和45）年、京都大学大学院文学研究科博士課程宗教学専攻単位取得後退学。1986（昭和61）年、文学博士（論文博・京都大学）。1967（昭和42）年、ワシントン州立大学極東学部大学院入学。1981（昭和56）年、京都産業大学教養部教授。1997（平成９）年、大谷大学文学部教授。2007（平成19）年、京都光華女子大学・同短期大学部学長。専門は仏教学。岡崎教区第34組真勝寺住職。著書に『中観荘厳論の研究―シャーンタラクシタの思想―』（文栄堂）、『岩波講座・東洋思想第八巻インド仏教Ｉ』（共著、岩波書店）など。

ハリバドラの伝(つた)える瑜伽行中観派思想(ゆがぎょうちゅうがんはしそう)

2015（平成27）年７月５日　発行
2015（平成27）年７月17日　開講

著　者　一　郷　正　道
編　集　真宗大谷派宗務所教育部
発行者　里　雄　康　意
発行所　東　本　願　寺　出　版
〒600-8505
京都市下京区烏丸通七条上る
電話（075）371-9189（販売）
印刷所　中村印刷株式会社

ISBN978-4-8341-0513-1　C3015